U0141733

神給母親的應許

God's Promises for Mothers

傑克‧康特曼
Jack Countryman /著

沈紡緞、劉睦雄 /譯

聖經資源中心 出版

給親愛的

_____

名字

_____

謹贈

_____

日期

目　錄

序 —— 13

聖經中的母親

亞比該（大衛之妻）—— 16

拔示巴（所羅門之母）—— 17

蒙揀選的夫人（約翰二書）—— 18

伊利莎白（施洗約翰之母）—— 19

今日的力量 —— 21

友妮基（提摩太之母）—— 23

夏娃（眾生之母）—— 24

第一位母親 —— 25

夏甲（以實瑪利之母）—— 27

哈拿（撒母耳之母）—— 28

耶底大（約西亞王之母）—— 30

約基別（摩西、亞倫和米利暗之母）—— 31

母親的精神遺產 —— 32

利亞（呂便、西緬、利未、猶大、以薩迦、西布倫之母）—— 34

馬利亞（耶穌之母）—— 35

希伯來人的接生婆（施弗拉、普阿）—— 37

母親（瞎眼孩子之母）—— 38

母親（箴言卅一章）—— 39

母親（在所羅門王時代）—— 40

母親（西庇太兩個兒子之母）—— 41

拿因城的寡婦（獨生子之母）—— 42

拿娥米（路得之婆婆）—— 43

法老的女兒（摩西之義母）—— 44

拉結（約瑟、便雅憫之母）—— 45

利百加（雅各、以掃之母）—— 46

信心的試煉 —— 47

路得（俄備得之母）—— 49

參孫之母 —— 50

撒拉（以撒之母）—— 51

信心的起步 —— 52

書念婦人 —— 55

迦南婦人 —— 57

寡婦（有兩個孩子）—— 58

撒勒法的寡婦 —— 59

西坡拉（摩西之妻）—— 60

聖經中母親的禱告

為孩子的成就和應有的地位禱告（拔示巴）—— 62

讚美的禱告（底波拉）—— 63

為孩子的生命禱告（夏甲）—— 64

為賜她一個兒子禱告（哈拿）—— 65

為她的子女獻上讚美的禱告（利亞）—— 67

讚美的禱告（馬利亞）—— 68

心曲 —— 69

為能安息及媳婦的婚姻禱告（拿娥米）—— 71

為生育孩子禱告（拉結）—— 72

為生育和孩子的復活禱告（書念婦人）—— 73

為被鬼附的女兒得釋放禱告（迦南婦人）—— 75

為家庭經濟和孩子禱告（兩個兒子的寡婦）—— 76

為死去孩子的復活禱告（撒勒法的寡婦）—— 77

神給母親的責任

委身 —— 80

愛憐 —— 81

管教 —— 83

典範 —— 84

信心 —— 85

虔敬 —— 86

家庭 —— 87

代求 —— 88

疼愛 —— 90

免費 —— 91

品德 —— 93

順從 —— 94

禱告 —— 96

供應 —— 98

獻祭 —— 99

感謝 —— 101

神給母親的應許

充足 —— 104

憐憫 —— 105

豐收 —— 107

恩典 —— 109

引導 —— 110

尊榮 —— 112

以堅固的信心尊榮神 —— 114

喜樂 —— 115

愛情 —— 117

興旺 —— 118

保護 —— 120

供應 —— 121

敬重 —— 123

復活 —— 124

信賴 —— 126

體諒 —— 128

神給母親的賜福

天使 —— 132

確信 —— 134

福分 —— 135

子女 —— 137

知足 —— 138

信心 —— 139

家庭 —— 140

恩寵 —— 141

滿全 —— 142

母親 —— 143

快樂 —— 146

醫治 —— 147

公正 —— 148

婚姻 —— 149

憐憫 —— 150

神蹟 —— 151

力量 —— 153

恢復 —— 154

真理 —— 155

神給母親的回應

如何信靠在耶穌裡的充足 —— 158

如何緊握神話語的權能 —— 161

如何堅定持守信心 —— 163

如何戰勝仇敵 —— 165

如何以基督為中心 —— 168

如何擁有靠主而得的喜樂 —— 171

如何勝過試煉 —— 174

夢想成真 —— 177

如何克服壓力 —— 179

如何走出絕望 —— 181

如何建立禱告生活 —— 183

如何仰望神的看顧 —— 185

如何面對困苦 —— 188

如何得著神的應許 —— 191

母親們的默想

默想信靠 —— 196

默想平安 —— 199

默想鼓勵 —— 201

默想讚美 —— 203

默想神的權能 —— 206

默想盼望 —— 211

默想信心 —— 219

默想勝利 —— 226

危機時對母親們的指引

沉溺 —— 232

老化 —— 233

生氣 —— 234

焦慮 —— 235

墮落 —— 236

喪親 —— 237

苦毒 —— 238

私慾 —— 239

定罪 —— 240

混亂 —— 241

死亡 —— 242

沮喪 —— 243

不滿 —— 244

懷疑 —— 245

失敗 —— 246

懼怕 —— 247

是我，不要怕！ —— 248

財務 —— 249

患病 —— 250

危險 —— 251

審判 —— 252

孤獨 —— 253

貪求 —— 254

婚姻 —— 255

驕傲 —— 257

魔鬼 —— 258

苦難 —— 260

試探 —— 261

考驗 —— 262

軟弱 —— 263

物慾 —— 264

歇後語 —— 265

序

　　在我們一生中，最大的殊榮或許莫過於擁有一位敬畏神、站立在破口中為她的子女禱告的敬虔母親。我們當中有多少人可以跟隨自己珍愛母親的腳蹤，對真理和救恩作出美好的見證呢？我們當中又有多少人經由慈母的典範，而真正認識耶穌那全然瞭解和無條件的愛？甚至神也用類似慈母般的愛，來表達祂對祂子民的愛：

> 錫安說：「耶和華離棄了我，主忘記了我。」
> 婦人焉能忘記她吃奶的嬰孩，
> 不憐憫她所生的兒子？……
> 看哪，我將你銘刻在我掌上，
> 你的城牆常在我眼前。
>
> 以賽亞書四九 14-16

　　在聖經中，有很多關於母親的祝福、應許、責任和典範。一個住在基督裡並行在祂道路上的母親，會珍愛和維護神所賜予的豐富產業。本書謹將神的寶

貴聖言獻給所有的母親，以期為母親們帶來鼓勵、確據、安慰和盼望；也使：

她的兒女起來稱她有福，

她的丈夫也稱讚她。

箴言卅一28

聖經中的母親

- 亞比該（大衛之妻）
- 拔示巴（所羅門之母）
- 蒙揀選的夫人
    （約翰二書）
- 伊利莎白
    （施洗約翰之母）
- 友妮基（提摩太之母）
- 夏娃（眾生之母）
- 夏甲（以實瑪利之母）
- 哈拿（撒母耳之母）
- 耶底大（約西亞王之母）
- 約基別（摩西、亞倫和米
    利暗之母）
- 母親的精神遺產
- 利亞（呂便、西緬、利
    未、猶大、以薩迦、西
    布倫之母）
- 馬利亞（耶穌之母）
- 希伯來人的接生婆
    （施弗拉、普阿）
- 母親（瞎眼孩子之母）
- 母親（箴言卅一章）
- 母親（在所羅門王時代）
- 母親
    （西庇太兩個兒子之
    母）
- 拿因城的寡婦
    （獨生子之母）
- 拿娥米（路得之婆婆）
- 法老的女兒（摩西之義
    母）
- 拉結
    （約瑟、便雅憫之母）
- 利百加
    （雅各、以掃之母）
- 路得（俄備得之母）
- 參孫之母
- 撒拉（以撒之母）
- 信心的起步
- 書念婦人
- 迦南婦人
- 寡婦（有兩個孩子）
- 撒勒法的寡婦
- 西坡拉（摩西之妻）

聖經中的母親……

亞比該（大衛之妻）

亞比該看見大衛，就急忙下驢，在大衛面前臉伏於地叩拜。她俯伏在大衛的腳前，說：「我主啊，願這罪歸於我！求你容許使女向你進言，更求你聽使女的話。」

撒母耳記上廿五23-24

大衛的僕人來到迦密，到亞比該那裡，對她說：「大衛派我們到妳這裡，要娶妳作他的妻子。」亞比該起來叩拜，俯伏在地，說：「看哪，你的使女情願作婢女，為我主的僕人洗腳。」亞比該立刻起身，騎上驢，五個女僕跟著她走。她跟從大衛的使者去，就作了大衛的妻子。

撒母耳記上廿五40-42

大衛在希伯崙生了幾個兒子：長子暗嫩是耶斯列人亞希暖所生的；次子基利押是作過迦密人拿八的妻子亞比該所生的；三子押沙龍是基述王達買的女兒瑪迦所生的；四子亞多尼雅是哈及所生的；五子示法提雅是亞比她所生的；六子以特念是大衛的妻子以格拉所生的。大衛這六個兒子都是在希伯崙生的。

撒母耳記下三2-5

聖經中的母親……

拔示巴（所羅門之母）

她對王說：「我主啊，你曾向使女指著耶和華—你的神起誓：『妳兒子所羅門必接續我作王，他必坐在我的王位上。』」

列王紀上一17

大衛王回答說：「召拔示巴到我這裡來。」拔示巴就來，站在王面前。王起誓說：「我指著救我性命脫離一切苦難的永生的耶和華起誓。我既然指著耶和華—以色列的神向妳起誓說：妳兒子所羅門必接續我作王，他必繼承我坐在我的王位上，我今日必這樣做。」於是，拔示巴屈身，臉伏於地，向王叩拜，說：「我主大衛王萬歲！」

列王紀上一28-31

錫安的女子啊，妳們要出去觀看所羅門王！他頭戴冠冕，就是在他結婚當天心中喜樂的時候，他母親給他戴上的。

雅歌三11

聖經中的母親……

蒙揀選的夫人

（約翰二書）

我作長老的寫信給蒙揀選的夫人和她的兒女，就是我真心所愛的；不但我愛，也是一切認識真理的人所愛的。

約翰二書一1

我非常歡喜見妳的兒女，有照我們從父所受之命令遵行真理的。夫人哪，我現在請求妳，我們大家要彼此相愛。我寫給妳的，並不是一條新命令，而是我們從起初就有的。

約翰二書一4-5

聖經中的母親……

伊利莎白

（施洗約翰之母）

　　在希律作猶太王的時候，亞比雅班裡有一個祭司，名叫撒迦利亞；他妻子是亞倫的後代，名叫伊利莎白。他們兩人在神面前都是義人，遵行主的一切誠命和條例，沒有可指責的。只是他們沒有孩子，因為伊利莎白不生育，兩個人又年紀老邁了。

路加福音一5-7

　　天使對他說：「撒迦利亞，不要害怕，因為你的祈禱已經被聽見了。你的妻子伊利莎白要給你生一個兒子，你要給他起名叫約翰。」

路加福音一13

　　這些日子以後，他的妻子伊利莎白就懷孕，隱藏了五個月；她說：「主在眷顧我的日子，這樣看顧我，要除掉我在人前的羞恥。」

路加福音一24-25

況且，你的親戚伊利莎白，就是那素來稱爲不生育的，在年老的時候也懷了男胎，現在懷孕六個月了。因爲，出於神的話，沒有一句不帶能力的。

路加福音一36-37

伊利莎白一聽到馬利亞問安，所懷的胎就在腹裡跳動。伊利莎白被聖靈充滿，高聲喊著說：「妳在婦女中是有福的！妳所懷的胎也是有福的！我主的母親到我這裡來，爲何這事臨到我呢？因爲妳問安的聲音一入我耳，我腹裡的胎就歡喜跳動。這相信的女子是有福的！因爲主對她所說的話都要應驗。」

路加福音一41-45

伊利莎白的產期到了，生了一個兒子。鄰里親屬聽見主向她大施憐憫，就和她一同歡樂。

路加福音一57-58

孩子啊，你要稱爲至高者的先知；因爲你要走在主的前面，爲他預備道路，叫他的百姓因罪得赦，認識救恩。

路加福音一76-77

今日的力量

　　伊利莎白和她的丈夫沒有孩子這件事，對當今許多夫妻都選擇不要孩子的時代而言，可能不會覺得是多嚴重的問題。但是在伊利莎白的時代，猶太拉比相信有七種人是要被逐出神的會堂的。這張清單開頭就是：「沒有妻子的猶太人，或是有妻子卻沒有小孩的猶太人。」在猶太文化裡，沒有小孩這件事除了是一項奇恥大辱之外，它甚至是合理的訴請離婚理由。

　　丈夫可以和一個不能生育的妻子離婚，但是對一個沒有孩子的婦人來說，還有一個重擔比害怕離婚重多了。因為，每一個希伯來婦人都希望能生下長久等待的彌賽亞。作為一個忠心、公義和順服的猶太人，伊利莎白當然也夢想能有這份榮幸。然而，悲哀的是伊利莎白的希望之火破滅了，因為她已經過了生育年齡。正如聖經解釋的；他們「沒有孩子；因為伊利莎白不生育，兩個人又年紀老邁了。」（路加福音一章7節）

　　親愛的天路客，人要如何因應沮喪、失望、逆境

和受挫的希望呢？花時間和神在一起！記住，伊利莎白這個名字的意思是「神是我的誓言」或「一個敬拜神的人」或「奉獻給神」。妳不認為她會仰望神賜給她每天的力量嗎？妳也必須如此。那段和神同在的靈修時間⋯⋯

　　　　會帶給妳力量去面對打擊、失望、
　　突如其來的逆境和生命中受挫的盼望。

　　一個愛神的女子不看今天所面臨的問題，而是仰望她的神非凡、超然的大能，來幫助她面對這些問題。只有安靜地與神在一起能給妳今天所需要的力量，去面對「打擊、失望、突如其來的逆境和生命中受挫的希望」。每個新的一天從神那裡獲得的亮光，能點燃我們和祂之間愛的關係，能使我們的希望之火繼續燃燒，能激發力量面對再來的一天，無論它是好是壞。

　　所以，親愛的姊妹，像伊利莎白一樣，無論處在什麼環境，抓緊神，並抓緊祂的應許——「你當剛強壯膽，不要懼怕，也不要驚惶，因為你無論往哪裡去，耶和華你的神必與你同在。」（約書亞記一章9節）

　　　　　　　　　　——美國暢銷書作家伊利莎白‧喬治
　　　　　　　　　　　　　　　　（Elizabeth George）

聖經中的母親……

友妮基（提摩太之母）

　　後來，保羅來到特庇，又到路司得。在那裡有一個門徒，名叫提摩太，是信主的猶太婦人的兒子，他父親卻是希臘人。

使徒行傳十六 1

　　我記得你無偽的信心，這信心先存在你外祖母羅以和你母親友妮基的心裡，我深信也存在你的心裡。

提摩太後書一 5

聖經中的母親……

夏娃（眾生之母）

我要使你和女人彼此為仇，你的後裔和女人的後裔也彼此為仇。他要傷你的頭，你要傷他的腳跟。

創世記三15

亞當給他妻子起名叫夏娃，因為她是眾生之母。

創世記三20

那人和他妻子夏娃同房，夏娃就懷孕，生了該隱，她說：「我靠耶和華得了一個男的。」她又生了該隱的弟弟亞伯。亞伯是牧羊的；該隱是耕地的。

創世記四1-2

亞當又與妻子同房，她就生了一個兒子，給他起名叫塞特，說：「神給我立了另一個子嗣代替亞伯，因為該隱殺了他。」

創世記四25

第一位母親

當夏娃成為史上第一位母親時，沒有為初為人母的媽媽所寫的指南。為什麼呢？因為還沒有人當過母親，還沒有女人生過小孩哪！事實上，連一個小孩——嬰兒——都還沒出生過。地球尚未歡迎過一個小孩的誕生。

沒有母親或年長的婦女來指導和激勵妳時，妳該如何？妳丈夫從未上過迎接新生兒的課程？也沒有姊妹淘、教科書、醫生或護士？妳第一次經歷到肉體上的痛苦（沒錯……在夏娃犯罪和人類墮落之前，是沒有痛苦的）。妳可以，或能去哪裡求助呢？

那正是夏娃左右為難之處。但是她知道她可以向誰求援。這位神是她一切的需要。她有耶和華神。不論她的生活可能遭遇到什麼新的挑戰，她都可以依靠祂。

當夏娃的新生嬰孩誕生時，她宣告：「我靠耶和華得了一個男的。」（創世記四章1節）夏娃知道靠著

耶和華的幫助，她生了一個嬰兒——這是世上第一個誕生的嬰兒。而且她知道耶和華是她所需要的一切。在這第一次（又一次！）的冒險中，能有耶和華時時同在的幫助，夏娃一定非常感恩。

　　夏娃感謝神，而妳也能感謝神——為以前的經歷感謝，為妳目前正面臨的情況感謝，且為將來要發生的感謝。真的，祂是妳所需要的一切！

——美國暢銷書作家伊利莎白‧喬治

（Elizabeth George）

聖經中的母親……

夏甲（以實瑪利之母）

　　耶和華的使者在曠野的水泉旁，在書珥路上的水泉旁遇見夏甲，對她說：「撒萊的婢女夏甲，妳從哪裡來？要到哪裡去？」她說：「我從我的女主人撒萊面前逃出來。」耶和華的使者對她說：「妳要回到妳的女主人那裡，屈服在她手下。」耶和華的使者對她說：「我必使妳的後裔極其繁多，多到不可勝數。」耶和華的使者又對她說：「看哪，妳已懷孕，要生一個兒子。妳要給他起名叫以實瑪利，因為耶和華聽見了妳的苦楚。」

創世記十六7-11

　　自己走開約有一箭之遠，相對而坐，說：「我不忍心看見孩子死。」她就坐在對面，放聲大哭。神聽見孩子的聲音，神的使者就從天上呼叫夏甲說：「夏甲，妳為何這樣呢？不要害怕，神已經聽見孩子在那裡的聲音了。起來！把孩子扶起來，用妳的手握住他，因我必使他成為大國。」神開了夏甲的眼睛，她就看見一口水井。她就去，把皮袋裝滿了水，給孩子喝。

創世記廿一16-19

聖經中的母親……

哈拿（撒母耳之母）

　　哈拿心裡愁苦，就痛痛哭泣，向耶和華祈禱。她許願說：「萬軍之耶和華啊，你若垂顧你使女的苦情，眷念不忘你的使女，賜你的使女一個子嗣，我必使他終生歸給耶和華，不用剃刀剃他的頭。」

撒母耳記上一10-11

　　時候到了，哈拿懷孕生了一個兒子，給他起名叫撒母耳，說：「這是我從耶和華那裡求來的。」

撒母耳記上一20

　　「我祈求為要得這孩子，耶和華已將我向他所求的賜給我了。所以，我將這孩子獻給耶和華，使他終生歸給耶和華。」她就在那裡敬拜耶和華。

撒母耳記上一27-28

哈拿禱告説：「我的心因耶和華快樂，我的角因耶和華高舉。我的口向仇敵張開；我因你的救恩歡欣。沒有一位聖者像耶和華，除你以外沒有別的了，也沒有磐石像我們的神。不要誇口説驕傲的話，也不要口出狂妄的言語，因耶和華是有知識的神，人的行爲被他衡量。勇士的弓折斷，跌倒的人以力量束腰。飽足的人作雇工求食；飢餓的人也不再飢餓。不生育的生了七個；兒女多的反倒孤獨。」

撒母耳記上二 1-5

耶和華使人死，也使人活，使人下陰間，也使人往上升。耶和華使人貧窮，也使人富足；使人降卑，也使人升高。他從灰塵裡抬舉貧寒人，從糞堆中提拔貧窮人，使他們與貴族同坐，繼承榮耀的座位。地的柱子屬耶和華，他將世界立在其上。他必保護他聖民的腳步，但惡人卻在黑暗中毀滅，因爲人不是靠力量得勝。與耶和華相爭的，必被打碎；他必從天上打雷攻擊他們。耶和華審判地極的人，將力量賜給所立的王，高舉受膏者的角。

撒母耳記上二 6-10

耶和華眷顧哈拿，她就懷孕生了三個兒子，兩個女兒。那孩子撒母耳在耶和華面前漸漸長大。

撒母耳記上二 21

聖經中的母親……

耶底大（約西亞王之母）

　　約西亞登基的時候年八歲，在耶路撒冷作王三十一年。他母親名叫耶底大，是波斯加人亞大雅的女兒。約西亞行耶和華眼中看為正的事，行他祖先大衛一切所行的道，不偏左右。

列王紀下廿二 1-2

　　在約西亞以前，沒有王像他盡心、盡性、盡力地歸向耶和華，遵行摩西的一切律法；在他以後，也沒有興起一個王像他。

列王紀下廿三 25

聖經中的母親……

約基別（摩西、亞倫和
米利暗之母）

有一個利未家的人娶了一個利未女子為妻。那女人懷孕，生了一個兒子，見他俊美，就把他藏了三個月，後來不能再藏，取了一個蒲草箱，抹上柏油和樹脂，將孩子放在裡面，把箱子擱在尼羅河邊的蘆葦中。孩子的姊姊遠遠站著，要知道他究竟會怎樣。

出埃及記二1-4

暗蘭娶了他父親的妹妹約基別為妻，她為他生了亞倫和摩西。暗蘭一生的歲數是一百三十七歲。

出埃及記六20

暗蘭的妻子名叫約基別，是利未的女兒，是利未在埃及所生的。她給暗蘭生了亞倫、摩西，和他們的姊姊米利暗。

民數記廿六59

母親的精神遺產

聖經對這位敬虔的母親約基別著墨不多，但是從她三個孩子的事蹟可以瞭解約基別的生平。她給這個世界留下多麼好的遺產啊！到底她有哪些著名的兒女呢？

亞倫：約基別的第一胎，成為以色列第一位大祭司，開啟了利未族祭司的傳承（出埃及記三十章30節）。

米利暗：約基別的女兒，是一位天分極高的詩人及音樂家。她和她的兄弟們一起密切地參與神拯救以色列人脫離埃及人壓迫的計畫，在神拯救他們脫離法老的軍隊後，她帶領以色列的婦女們高唱得勝的凱歌（出埃及記十五章20節）。（在下一章裡，妳會有機會更多認識米利暗。）

摩西：就是約基別為了救他的命而將他送給法老女兒的小嬰孩（出埃及記二章10節），後來神透過他帶領祂的子民出埃及，並教導他們基本的生活誡律

（出埃及記四章11-12節，廿四章3節）。

　　這三個人是從誰那裡獲得精神的感召、信心的火種呢？是從他們母親約基別！她嚴肅地看待她和神的關係，以及身為一個母親的使命。她一生向著耶和華活，而她的兒女藉著她的火種點燃了信心的火炬。

　　妳我受神呼召，要點燃我們家人的信心之火。為了這麼做，我們自己必須本著熱愛耶和華的心、得救的喜樂和對家人的責任，燃燒自己。要當這樣的信心火種是要付出很高的代價的，因為燃燒物質、消耗物質才能產生火光。但是當我們犧牲自己去點燃那些我們至愛親人的信心之火時，當我們熱烈、熱切地燃燒自己時，我們的兒女會有機會繼承我們對神的愛和我們對祂的信心。愛神的精神會一直傳下去。

　　　　　　　　——美國暢銷書作家伊利莎白‧喬治

　　　　　　　　　　　　　　（Elizabeth George）

聖經中的母親……

利亞（呂便、西緬、利未、猶大、以薩迦、西布倫之母）

　　耶和華見利亞失寵，就使她生育，拉結卻不生育。利亞懷孕生子，給他起名叫呂便，因為她說：「耶和華看見我的苦情，如今我的丈夫必愛我。」她又懷孕生子，給他起名叫西緬，說：「耶和華因為聽見我失寵，所以又賜給我這個兒子。」她又懷孕生子，說：「我給丈夫生了三個兒子，現在，這次他必親近我了。」因此，雅各給他起名叫利未。她又懷孕生子，說：「這次我要讚美耶和華。」因此給他起名叫猶大。於是她停了生育。

創世記廿九 31-35

　　利亞又懷孕，為雅各生了第六個兒子。利亞給他起名叫西布倫，說：「神賜給我厚禮了；這次，我丈夫必看重我，因為我為他生了六個兒子。」後來她又生了一個女兒，給她起名叫底拿。

創世記三十 19-21

聖經中的母親……

馬利亞（耶穌之母）

　　到了第六個月，天使加百列奉神的差遣往加利利的一座城去，這城名叫拿撒勒，到一個童女那裡，她已經許配大衛家的一個人，名叫約瑟；童女的名字叫馬利亞。天使進去，對她說：「蒙大恩的女子，妳好，主和妳同在！」馬利亞因這話就很驚慌，又反覆思考這樣問候是什麼意思。天使對她說：「馬利亞，不要怕，妳在神面前已經蒙恩了。妳要懷孕生子，要給他起名叫耶穌。」

　　　　　　　　　　　　　　　　路加福音一26-31

　　高聲喊著說：「妳在婦女中是有福的！妳所懷的胎也是有福的！」

　　　　　　　　　　　　　　　　路加福音一42

　　馬利亞說：「我心尊主為大；我靈以神我的救主為樂；因為他顧念他使女的卑微；從今以後，萬代要稱我有福。因為那有權能的為我做了大事；他的名是聖的。他憐憫敬畏他的人，直到世世代代。他趕散心裡妄想的狂傲人。他叫有權柄的失位，叫卑賤的升高。他叫飢餓的飽餐美食，叫富足的空手回去。」

　　　　　　　　　　　　　　　　路加福音一46-53

　　第三日，在加利利的迦拿有一個婚宴，耶穌的母親在那裡。耶穌和他的門徒也被請去赴宴。酒用完了，耶穌的母親對他說：「他們沒有酒了。」耶穌說：「母親，我與妳何干呢？我的時候還沒有到。」他母親對用人說：「他告訴你們什麼，你們就做吧。」

約翰福音二 1-5

　　站在耶穌十字架旁邊的，有他的母親、姨母、革羅罷的妻子馬利亞，和抹大拉的馬利亞。耶穌見母親和他所愛的那門徒站在旁邊，就對母親說：「母親，看，妳的兒子！」又對那門徒說：「看，你的母親！」從那刻起，那門徒就接她到自己家裡去了。

約翰福音十九 25-27

聖經中的母親……

希伯來人的接生婆

（施弗拉、普阿）

　　埃及王又對希伯來的接生婆，一個名叫施弗拉，另一個名叫普阿的說：「妳們為希伯來婦人接生，臨盆的時候要注意，若是男的，就把他殺了，若是女的，就讓她活。」但是接生婆敬畏神，不照埃及王的吩咐去做，卻讓男孩活著。埃及王召了接生婆來，對她們說：「妳們為什麼做這事，讓男孩活著呢？」

出埃及記一 15-18

　　接生婆對法老說：「因為希伯來婦人與埃及婦人不同；希伯來婦人健壯，接生婆還沒有到，她們已經生產了。」神恩待接生婆；以色列人增多起來，極其強盛。接生婆因為敬畏神，神就叫她們成立家室。法老吩咐他的眾百姓說：「把所生的每一個男孩都丟到尼羅河裡去，讓所有的女孩存活。」

出埃及記一 19-22

聖經中的母親……

母親（瞎眼孩子之母）

耶穌往前走的時候，看見一個生來就失明的人。門徒問耶穌：「拉比，這人生來失明，是誰犯了罪？是這人還是他的父母呢？」耶穌回答：「既不是這人犯了罪，也不是他的父母，而是要在他身上顯出神的作為來。」

約翰福音九 1-3

問他們說：「這是你們的兒子嗎？你們說他生來是失明的，現在怎麼看見了呢？」他的父母就回答說：「他是我們的兒子，生來就失明，這是我們知道的。」

約翰福音九 19-20

聖經中的母親……

母親（箴言卅一章）

才德的婦人誰能得著呢？她的價值遠勝過寶石。她丈夫心裡信賴她，必不缺少利益；她終其一生，使丈夫有益無損。她尋找羊毛和麻，歡喜用手做工。她好像商船，從遠方運來糧食，未到黎明就起來，把食物分給家中的人，將當做的工分派女僕。

箴言卅一 10-15

能力和威儀是她的衣服，她想到日後的景況就喜笑。她開口就發智慧，她舌上有仁慈的教誨。她管理家務，並不吃閒飯。她的兒女起來稱她有福，她的丈夫也稱讚她：「才德的女子很多，惟獨妳超過一切。」魅力是虛假的，美貌是虛浮的；惟敬畏耶和華的婦女必得稱讚。她手中的成果你們要賞給她，願她的工作在城門口榮耀她。

箴言卅一 25-31

聖經中的母親……

母親（在所羅門王時代）

王說：「把活孩子劈成兩半，一半給這婦人，一半給那婦人。」活孩子的母親為自己的兒子心急如焚，對王說：「求我主把活孩子給那婦人吧，萬不可殺死他！」那婦人說：「這孩子也不歸我，也不歸妳，你們就劈了吧！」王回應說：「把活孩子給這婦人，萬不可殺死他，因為這婦人是他的母親。」全以色列聽見王這樣判斷，就都敬畏王，因為他們看見他心中有神的智慧，能夠斷案。

列王紀上三25-28

聖經中的母親……

母親（西庇太兩個兒子之母）

　　那時，西庇太兒子的母親和她兩個兒子上前來，向耶穌叩頭，求他一件事。耶穌問她：「妳要什麼呢？」她對耶穌說：「在你的國裡，請讓我這兩個兒子一個坐在你右邊，一個坐在你左邊。」

馬太福音二十 20-21

　　其中有抹大拉的馬利亞，又有雅各和約瑟的母親馬利亞，並有西庇太兩個兒子的母親。

馬太福音廿七 56

聖經中的母親……

拿因城的寡婦
（獨生子之母）

過了不久，耶穌往一座城去，這城名叫拿因，他的門徒和一大群人與他同行。當他走近城門時，有一個死人被抬出來。這人是他母親獨生的兒子，而他母親又是寡婦。城裡的許多人與她一同送殯。主看見那寡婦就憐憫她，對她說：「不要哭。」於是耶穌進前來，按著槓，抬的人就站住了。耶穌說：「年輕人，我吩咐你，起來！」那死人就坐了起來，開始說話，耶穌就把他交給他的母親。眾人都驚奇，歸榮耀給神，說：「有大先知在我們當中興起了！」又說：「神眷顧了他的百姓！」關於耶穌的這事就傳遍了猶太和周圍地區。

路加福音七 11-17

約翰的門徒把這些事都告訴約翰。於是約翰叫了兩個門徒來，差他們到主那裡去，說：「將要來的那位就是你嗎？還是我們要等候別人呢？」

路加福音七 18-19

聖經中的母親……

拿娥米（路得之婆婆）

拿娥米對兩個媳婦說：「妳們各自回娘家去吧！願耶和華恩待妳們，像妳們待已故的人和我一樣。願耶和華使妳們各自在新的丈夫家中得歸宿！」於是拿娥米與她們親吻，她們就放聲大哭。

路得記一8-9

兩個媳婦又放聲大哭，俄珥巴與婆婆吻別，但是路得卻緊跟著拿娥米。……妳死在哪裡，我也死在哪裡，葬在哪裡。只有死能使妳我分離；不然，願耶和華重重懲罰我！

路得記一14、17

路得說：「不要勸我離開妳，轉去不跟隨妳。妳往哪裡去，我也往哪裡去；妳在哪裡住，我也在哪裡住；妳的百姓就是我的百姓；妳的神就是我的神。」

路得記一16

聖經中的母親……

法老的女兒
（摩西之義母）

　　法老的女兒來到尼羅河邊洗澡，她的女僕們在河邊行走。她看見在蘆葦中的箱子，就派一個使女把它拿來。她打開箱子，看見那孩子。看哪，男孩在哭，她就可憐他，說：「這是希伯來人的一個孩子。」孩子的姊姊對法老的女兒說：「我去叫一個希伯來婦人來作奶媽，替妳乳養這孩子，好嗎？」

出埃及記二5-7

　　法老的女兒對她說：「去吧！」那女孩就去叫了孩子的母親來。法老的女兒對她說：「妳把這孩子抱去，替我乳養這孩子，我必給妳工錢。」那婦人就把孩子接過來，乳養他。孩子長大了，婦人把他帶到法老的女兒那裡，就作了她的兒子。她給孩子起名叫摩西，說：「因我把他從水裡拉出來。」

出埃及記二8-10

聖經中的母親……

拉結

（約瑟、便雅憫之母）

拉結見自己不給雅各生孩子，就嫉妒她姊姊，對雅各說：「你給我孩子，不然，讓我死了吧。」

創世記三十1

神顧念拉結，應允她，使她能生育。拉結懷孕生子，說：「神除去了我的羞恥。」拉結就給他起名叫約瑟，說：「願耶和華再增添一個兒子給我。」

創世記三十22-24

神給母親的應許

聖經中的母親……

利百加

（雅各、以掃之母）

　　他們就叫了利百加來，對她說：「妳和這人同去嗎？」她說：「我去。」於是他們送他們的妹妹利百加和她的奶媽，同亞伯拉罕的僕人，以及隨從他的人走了。他們就為利百加祝福，對她說：「我們的妹妹啊，願妳作千萬人的母親！願妳的後裔得著仇敵的城門！」

創世記廿四58-60

信心的試煉

　　我們永遠不知道一天裡會發生什麼事。但是平凡的一天可以是一段不平凡旅程的開端！這就是利百加的故事。她怎麼知道在她家鄉那個平凡的一天，一趟平凡的取水路程，竟會改變整個世界的歷史呢？利百加只是照例去汲取家用水而已。然而，在神所指定的那一天，歷史出現了轉折！

　　當我們的利百加遵從神的旨意踏上這趟不尋常的旅程時，她所愛的家人站在路上，大聲說出他們對她未來生活的祝福：

　　　　我們的妹妹啊，
　　　願妳作千萬人的母親！

創世記廿四章60節

　　而他們的話應驗了。利百加成了千萬人的母親！他們為利百加所作的禱告和神的應許相呼應。神曾應許：亞伯拉罕許多的後裔都會是得勝者（創世記十三

章 14-15 節，十五章 5 節）。

但，等等，我們的故事跳過了她成為母親之前那一段為人妻的經歷！讓我們回頭再說起。

一個女子如何成為一個妻子呢？利百加經歷了許多過程，這些過程包括禱告，加上父母的允許和祝福（創世記廿四章 60 節）。在這些準備工作之後，利百加踏上她的信心之旅。從那一刻開始，利百加的故事等於是由一個接著一個的試煉串成的。

每一個人都有掙扎，利百加也不例外。而每一個掙扎都是對我們信心的一個試驗。我們在婚姻中掙扎，在財務、健康、事業、工作上掙扎，面對家人、朋友和誘惑時也會掙扎。利百加的一生當然並非事事如她所願！作為一個妻子和母親，她在許多方面是失敗的。但是從她起起伏伏的生命旅程，我們學到了許多的生活信息：

1. 根據神話語的引導來作決定。

2. 藉由禱告解決問題。

3. 婚姻必須努力經營。

4. 養育子女絕對不可以偏心。

5. 任何時候都必須信靠神。

—— 美國暢銷書作家伊利莎白‧喬治
（Elizabeth George）

聖經中的母親……

路得（俄備得之母）

我也娶瑪倫的妻子摩押女子路得，好讓死人可以在產業上留名，免得他的名在本族本鄉的城門中消失了。你們今日都是證人。

路得記四 10

於是，波阿斯娶了路得為妻，與她同房。耶和華使她懷孕生了一個兒子。

路得記四 13

鄰居的婦人給孩子起名，說：「拿娥米得了一個孩子了！」她們就給他起名叫俄備得。俄備得是耶西的父親，是大衛的祖父。

路得記四 17

俄備得生耶西；耶西生大衛。

路得記四 22

聖經中的母親……

參孫之母

　　瑪挪亞祈求耶和華說：「主啊，求你再差遣那神人到我們這裡來，指示我們對這將要生的孩子該怎樣作。」

士師記十三8

　　耶和華的使者對瑪挪亞說：「我告訴這婦人的一切事，她都要遵守。葡萄樹所結的不可吃，清酒烈酒都不可喝，任何不潔之物也不可吃。凡我所吩咐的，她都當遵守。」瑪挪亞對耶和華的使者說：「請容許我們留你下來，好為你預備一隻小山羊。」

士師記十三13-15

　　後來婦人生了一個兒子，給他起名叫參孫。孩子漸漸長大，耶和華賜福給他。

士師記十三24

撒拉（以撒之母）

神又對亞伯拉罕說：「至於你的妻子撒萊，不可再叫
她撒萊，她的名要叫撒拉。我必賜福給她，也要從她賜一
個兒子給你。我必賜福給撒拉，她要興起多國；必有百姓
的君王從她而出。」

創世記十七 15-16

神說：「不！你妻子撒拉必為你生一個兒子，你要給
他起名叫以撒。我要與他堅立我的約，成為他後裔永遠的
約。」

創世記十七 19

耶和華照著他所說的眷顧撒拉，耶和華實現了他對撒
拉的應許。亞伯拉罕年老，到神對他說的那所定的時候，
撒拉懷了孕，給他生了一個兒子。亞伯拉罕給撒拉所生的
兒子起名叫以撒。

創世記廿一 1-3

信心的起步

「亞伯蘭帶著他妻子撒萊……到了迦南地。」（創世
記十二章5節）

信心是需要付出代價的！隨時保持信心不是一件
容易的事。而那正是撒拉（撒萊被神改名叫作撒拉）
的體會。她在家鄉吾珥日子過得很好。雖然她和丈夫
亞伯拉罕還沒有小孩（創世記十一章30節），但是有
朋友、家人圍繞，又住在座落於幼發拉底河岸繁華進
步、多采多姿的吾珥城，沖淡了膝下無子的遺憾。像
其他女人一樣，撒拉一定很愛家！

但是後來撒拉被要求拋下她所熟悉的一切，給她
安全感的事物，到別的地方去，因為神告訴亞伯拉罕
要離開吾珥。他們要去哪裡呢？耶和華說：「往我所
要指示你的地去。」（創世記十二章1節）沒有事先計
畫好的旅程表！

亞伯拉罕接下來一輩子都追隨神，而撒拉跟隨著

他，始終「不知往哪裡去」，一直在尋找「那座有根基的城，就是神所設計和建造的。」亞伯拉罕「是存著信心死的，並沒有得著所應許的。」（希伯來書十一章8-13節）他有家，卻如同流浪漢……撒拉就是這樣一個家庭的一分子！

撒拉微小的信心種子，在「出了迦勒底的吾珥」（創世記十一章31節）的那一天開始發芽了。她可能很心痛，也可能淚眼汪汪，但她遵守了神有關婚姻的指示：「人要離開父母，與妻子結合，二人成為一體。」（創世記二章24節）順服神歸根究底是一個信心的問題。撒拉跨出了信心重要的一步，而那個信心持續增長，最終為她在信心名人堂中贏得了尊貴的一席（希伯來書十一章）。

妳是否正在思考並禱告說：「親愛的神，我要如何跨出撒拉步上通往天堂之路的那一步，並且培養更堅定的信心呢？」今天就試著跨出以下這幾個重要的信心步伐：

相信那些帶領妳的人的信心——誰是神派來指引妳通往偉大信心之路的人呢？

遠離世俗的享樂——「不要愛世界和世界上的東西。」（約翰一書二章15節）

用信心面對未知的、看不見的、永恆的——「因為我們行事為人是憑著信心,不是憑著眼見。」（哥林多後書五章7節）

——美國暢銷書作家伊利莎白・喬治
（Elizabeth George）

聖經中的母親……

書念婦人

　　一日，以利沙經過書念，在那裡有一個富有的婦人強留他吃飯。此後，以利沙每次經過就轉到那裡去吃飯。婦人對丈夫說：「看哪，我知道那常從我們這裡經過的是神聖的神人。我們可以為他蓋一間有牆的小閣樓，裡面安放床榻、桌子、椅子、燈臺。每當他來到我們這裡，就可以住在那裡。」一日，以利沙來到那裡，轉進那閣樓，躺臥在那裡。以利沙吩咐僕人基哈西說：「你叫這書念婦人來。」他把婦人叫了來，婦人就站在以利沙面前。

列王紀下四8-12

　　以利沙吩咐僕人說：「你對她說：『看哪，妳為我們費了許多心思，我可以為妳做什麼呢？我可以為妳向王或元帥求什麼呢？』」她說：「我已住在自己百姓之中。」以利沙說：「究竟可以為她做什麼呢？」基哈西說：「她真的沒有兒子，她丈夫也老了。」以利沙說：「叫她回來。」於是他叫了她來，她就站在門口。以利沙說：「明年這時候，妳必抱一個兒子。」她說：「神人，我主啊，不要這樣欺哄婢女。」婦人果然懷孕，到了明年那時候，生了一個兒子，正如以利沙向她所說的。

列王紀下四13-17

　　孩子長大，一日出去到他父親和收割的人那裡。他對父親說：「我的頭啊，我的頭啊！」他父親對僕人說：「把他抱到他母親那裡。」僕人抱去，交給他母親。孩子坐在母親的膝上，到中午就死了。他母親上去，把他放在神人的床上，關了門出來。

列王紀下四 18-21

　　孩子的母親說：「我指著永生的耶和華，又指著你的性命起誓，我必不離開你。」於是以利沙起身，隨著她去了。基哈西在他們以先去了，把杖放在孩子臉上，卻沒有聲音，也沒有動靜。基哈西回去，迎見以利沙，告訴他說：「孩子還沒有醒過來。」以利沙進了屋子，看哪，孩子死了，放在自己的床上。

列王紀下四 30-32

　　以利沙叫基哈西說：「你叫這書念婦人來。」於是他叫了她來。婦人來到以利沙那裡，以利沙說：「把妳兒子抱起來。」

列王紀下四 36

聖經中的母親……

迦南婦人

有一個迦南婦人從那地方出來，喊著說：「主啊，大衛之子，可憐我！我女兒被鬼纏得很苦。」耶穌卻一言不答。門徒進前來，求他說：「這婦人在我們後頭喊叫，請打發她走吧。」耶穌回答：「我奉差遣只到以色列家迷失的羊那裡去。」

馬太福音十五22-24

那婦人來拜他，說：「主啊，幫幫我！」他回答：「拿孩子的餅丟給小狗吃是不妥的。」婦人說：「主啊，不錯，可是小狗也吃牠主人桌上掉下來的碎屑。」於是耶穌回答她說：「婦人，妳的信心很大！照妳所要的成全妳吧。」從那時起，她的女兒就好了。

馬太福音十五25-28

聖經中的母親……

寡婦（有兩個孩子）

　　有個先知門徒的妻子哀求以利沙說：「你的僕人，我丈夫死了，他敬畏耶和華是你所知道的。現在有債主來，要帶走我的兩個孩子給他作奴隸。」以利沙對她說：「我可以為妳做什麼呢？告訴我，妳家裡有什麼？」她說：「婢女家中除了一瓶油之外，什麼也沒有。」以利沙說：「妳到外面去向所有的鄰舍借器皿，要空的器皿，不要少借。然後妳回家，關上門，妳和妳兒子在裡面把油倒在所有的器皿裡，倒滿了就放在一邊。」

列王紀下四 1-4

　　於是婦人離開以利沙去了。她關上門，把自己和兒子關在家裡。他們把器皿拿給她，她就倒油。器皿都滿了，她對兒子說：「再給我拿器皿來。」兒子對她說：「沒有器皿了。」油就止住了。婦人去告訴神人，神人說：「妳去賣了油還債，妳和妳兩個兒子可以靠著所剩的過活。」

列王紀下四 5-7

聖經中的母親……

撒勒法的寡婦

你起身到西頓的撒勒法去，住在那裡，看哪，我已吩咐那裡的一個寡婦供養你。

列王紀上十七9

以利亞對她說：「不要怕！妳去照妳所說的做吧！只要先為我做一個小餅，拿來給我，然後為妳和妳的兒子做餅；因為耶和華——以色列的神如此說：『罈內的麵必不用盡，瓶裡的油必不短缺，直到耶和華使雨降在地上的日子。』」婦人就照以利亞的話去做。她和以利亞，以及她家中的人，吃了許多日子。

列王紀上十七13-15

以利亞三次伏在孩子的身上，求告耶和華說：「耶和華——我的神啊，求你使這孩子的生命歸回給他吧！」耶和華聽了以利亞的呼求，孩子的生命歸回給他，他就活了。以利亞把孩子從樓上抱下來，進了房間交給他母親，說：「看，妳的兒子活了！」婦人對以利亞說：「現在我知道你是神人，耶和華藉你口所說的話是真的。」

列王紀上十七21-24

聖經中的母親……

西坡拉（摩西之妻）

　　摩西願意和那人同住，那人就把女兒西坡拉給摩西為妻。西坡拉生了一個兒子，摩西給他起名叫革舜，因他說：「我在外地作了寄居者。」

出埃及記二 21-22

　　西坡拉就拿一塊火石，割下她兒子的包皮，碰觸摩西的腳，說：「你真是我血的新郎了。」

出埃及記四 25

　　摩西的岳父葉特羅帶著西坡拉，就是摩西先前送回家的妻子，又帶著她的兩個兒子：一個名叫革舜，因為摩西說：「我在外地作了寄居者。」

出埃及記十八 2-3

聖經中母親的禱告

- 為孩子的成就和應有的地位禱告（拔示巴）
- 讚美的禱告（底波拉）
- 為孩子的生命禱告（夏甲）
- 為賜她一個兒子禱告（哈拿）
- 為她的子女獻上讚美的禱告（利亞）
- 讚美的禱告（馬利亞）
- 為能安息及媳婦的婚姻禱告（拿娥米）
- 為生育孩子禱告（拉結）
- 為生育和孩子的復活禱告（書念婦人）
- 為被鬼附的女兒得釋放禱告（迦南婦人）
- 為家庭經濟和孩子禱告（兩個兒子的寡婦）
- 為死去孩子的復活禱告（撒勒法的寡婦）

聖經中母親的禱告……

為孩子的成就和應有的
地位禱告（拔示巴）

她對王說：「我主啊，你曾向使女指著耶和華—你的神起誓：『妳兒子所羅門必接續我作王，他必坐在我的王位上。』」

列王紀上一 17

大衛王回答說：「召拔示巴到我這裡來。」拔示巴就來，站在王面前。王起誓說：「我指著救我性命脫離一切苦難的永生的耶和華起誓。我既然指著耶和華—以色列的神向妳起誓說：妳兒子所羅門必接續我作王，他必繼承我坐在我的王位上，我今日必這樣做。」於是，拔示巴屈身，臉伏於地，向王叩拜，說：「我主大衛王萬歲！」

列王紀上一 28-31

聖經中母親的禱告……

讚美的禱告（底波拉）

　　那日，底波拉和亞比挪菴的兒子巴拉唱歌，說：「以色列有領袖率領，百姓甘心犧牲自己，你們當稱頌耶和華！君王啊，要聽！王子啊，要側耳！我要，我要向耶和華歌唱；我要歌頌耶和華—以色列的神。耶和華啊，你從西珥出來，從以東田野向前行，地震動天滴下，雲也滴下雨水。眾山在耶和華面前搖動，西奈山在耶和華—以色列神面前也搖動。」

士師記五 1-5

　　底波拉啊，興起！興起！當興起，興起，唱歌！巴拉啊，你當興起！亞比挪菴的兒子啊，當擄掠你的俘虜！

士師記五 12

聖經中母親的禱告……

為孩子的生命禱告

（夏甲）

　　自己走開約有一箭之遠，相對而坐，說：「我不忍心看見孩子死。」她就坐在對面，放聲大哭。神聽見孩子的聲音，神的使者就從天上呼叫夏甲說：「夏甲，妳為何這樣呢？不要害怕，神已經聽見孩子在那裡的聲音了。起來！把孩子扶起來，用妳的手握住他，因我必使他成為大國。」神開了夏甲的眼睛，她就看見一口水井。她就去，把皮袋裝滿了水，給孩子喝。

創世記廿一 16-19

聖經中母親的禱告……

為賜她一個兒子禱告
（哈拿）

哈拿心裡愁苦，就痛痛哭泣，向耶和華祈禱。她許願說：「萬軍之耶和華啊，你若垂顧你使女的苦情，眷念不忘你的使女，賜你的使女一個子嗣，我必使他終生歸給耶和華，不用剃刀剃他的頭。」

撒母耳記上一 10-11

「我祈求為要得這孩子，耶和華已將我向他所求的賜給我了。所以，我將這孩子獻給耶和華，使他終生歸給耶和華。」他就在那裡敬拜耶和華。

撒母耳記上一 27-28

哈拿禱告說：「我的心因耶和華快樂，我的角因耶和華高舉。我的口向仇敵張開：我因你的救恩歡欣。沒有一位聖者像耶和華，除你以外沒有別的了，也沒有磐石像我們的神。不要誇口說驕傲的話，也不要口出狂妄的言語，因耶和華是有知識的神，人的行為被他衡量。勇士的弓折斷，跌倒的人以力量束腰。飽足的人作雇工求食；飢餓的人也不再飢餓。不生育的生了七個；兒女多的反倒孤

獨。耶和華使人死,也使人活,使人下陰間,也使人往上
升。耶和華使人貧窮,也使人富足;使人降卑,也使人升
高。」

撒母耳記上二 1-7

他從灰塵裡抬舉貧寒人,從糞堆中提拔貧窮人,使
他們與貴族同坐,繼承榮耀的座位。地的柱子屬耶和華,
他將世界立在其上。他必保護他聖民的腳步,但惡人卻在
黑暗中毀滅,因為人不是靠力量得勝。與耶和華相爭的,
必被打碎;他必從天上打雷攻擊他們。耶和華審判地極的
人,將力量賜給所立的王,高舉受膏者的角。

撒母耳記上二 8-10

聖經中母親的禱告……

為她的子女獻上讚美的

禱告（利亞）

利亞懷孕生子，給他起名叫呂便，因為她說：「耶和華看見我的苦情，如今我的丈夫必愛我。」她又懷孕生子，給他起名叫西緬，說：「耶和華因為聽見我失寵，所以又賜給我這個兒子。」她又懷孕生子，說：「我給丈夫生了三個兒子，現在，這次他必親近我了。」因此，雅各給他起名叫利未。她又懷孕生子，說：「這次我要讚美耶和華。」因此給他起名叫猶大。於是她停了生育。

創世記廿九32-35

聖經中母親的禱告……

讚美的禱告（馬利亞）

馬利亞說：「我心尊主為大；我靈以神我的救主為樂；因為他顧念他使女的卑微；從今以後，萬代要稱我有福。因為那有權能的為我做了大事；他的名是聖的。他憐憫敬畏他的人，直到世世代代。他用膀臂施展大能；他趕散心裡妄想的狂傲人。他叫有權柄的失位，叫卑賤的升高。他叫飢餓的飽餐美食，叫富足的空手回去。」

路加福音一46-53

心曲

　　這位年輕的女子（聖經記載她習慣在心裡反覆思考，很少說話【路加福音二章19節】）開口說出了她心裡的話。

　　她說了什麼呢？她豐富地頌讚神的話記載在路加福音一章46-55節，就是眾所皆知的〈馬利亞頌〉。馬利亞起頭就唱道：「我心尊主為大！」接下來她引用了十五句舊約的經文。一位作者指出，在〈馬利亞頌〉裡所引用的經文證明「馬利亞透過摩西五經、詩篇和先知書來認識神。她心裡非常尊敬神，因為她知道祂過去曾為她的族人做過什麼事。」

　　顯然馬利亞已經把她的心弦調整對準神的心和神的話語了！她的心滿是神的話語。因為認識神和祂的悲憫、祂的供應和對她祖先們的信實，馬利亞歌頌起來！她的心曲的內容是什麼呢？它是……

　　一首喜樂的歌，充滿歡喜和慶賀。

　　一首內容擷自聖經的歌。

一首老歌，呼應哈拿的歌（撒母耳記上第二章）。

一首今天的歌，因為神昨日、今日都是一樣的。

一首永恆的歌，因為神的話語永遠屹立不搖！馬利亞的歌也記載在神的語錄裡。

認識神並體認祂無限的大能，將使妳加入馬利亞讚美神的行列。何不讓馬利亞的獨唱變成二重唱呢？現在就花一點寶貴的時間閱讀她美麗、喜樂的歌詞。然後用妳自己的歌聲配合她甜美的旋律，附和她的讚美：「我心尊主為大！」的確，試驗「心」最可靠的方法是聽它所說出來的話──聽它所發出來的話的品質。因為有朝一日針對馬利亞的歌，耶穌會說：「善人從他心裡所存的善發出善來，……因為心裡所充滿的，口裡就說出來。」（路加福音六章45節）

──美國暢銷書作家伊利莎白·喬治
（Elizabeth George）

聖經中母親的禱告……

為能安息及媳婦的婚姻

禱告（拿娥米）

　　拿娥米對兩個媳婦說：「妳們各自回娘家去吧！願耶和華恩待妳們，像妳們待已故的人和我一樣。願耶和華使妳們各自在新的丈夫家中得歸宿！」於是拿娥米與她們親吻，她們就放聲大哭。

路得記一8-9

　　拿娥米對媳婦說：「願那人蒙耶和華賜福，因為他不斷地恩待活人死人。」拿娥米又對她說：「那人是我們本族的人，是一個可以贖我們產業的至親。」

路得記二20

聖經中母親的禱告……

為生育孩子禱告

（拉結）

　　拉結見自己不給雅各生孩子，就嫉妒她姊姊，對雅各說：「你給我孩子，不然，讓我死了吧。」雅各對拉結生氣，說：「是我代替神使妳生不出孩子的嗎？」……神顧念拉結，應允她，使她能生育。拉結懷孕生子，說：「神除去了我的羞恥。」拉結就給他起名叫約瑟，說：「願耶和華再增添一個兒子給我。」

創世記三十 1-2、22-24

聖經中母親的禱告⋯⋯

為生育和孩子的復活禱告（書念婦人）

　　一日，以利沙經過書念，在那裡有一個富有的婦人強留他吃飯。此後，以利沙每次經過就轉到那裡去吃飯。婦人對丈夫說：「看哪，我知道那常從我們這裡經過的是神聖的神人。我們可以為他蓋一間有牆的小閣樓，裡面安放床榻、桌子、椅子、燈臺。每當他來到我們這裡，就可以住在那裡。」一日，以利沙來到那裡，轉進那閣樓，躺臥在那裡。以利沙吩咐僕人基哈西說：「你叫這書念婦人來。」他把婦人叫了來，婦人就站在以利沙面前。

列王紀下四8-12

　　以利沙吩咐僕人說：「你對她說：『看哪，妳為我們費了許多心思，我可以為妳做什麼呢？我可以為妳向王或元帥求什麼呢？』」她說：「我已住在自己百姓之中。」以利沙說：「究竟可以為她做什麼呢？」基哈西說：「她真的沒有兒子，她丈夫也老了。」以利沙說：「叫她回來。」於是他叫了她來，她就站在門口。以利沙說：「明年這時候，妳必抱一個兒子。」她說：「神人，我主啊，

不要這樣欺哄婢女。」婦人果然懷孕，到了明年那時候，生了一個兒子，正如以利沙向她所說的。

列王紀下四13-17

孩子長大，一日出去到他父親和收割的人那裡。他對父親說：「我的頭啊，我的頭啊！」他父親對僕人說：「把他抱到他母親那裡。」僕人抱去，交給他母親。孩子坐在母親的膝上，到中午就死了。

列王紀下四18-20

以利沙進了屋子，看哪，孩子死了，放在自己的床上。他進去，關上門，只有他們兩個人，他就向耶和華祈禱。他上去伏在孩子身上，口對口，眼對眼，手對手。他伏在孩子身上，孩子的身體就漸漸暖和了。

列王紀下四32-34

聖經中母親的禱告……

為被鬼附的女兒得釋放禱告（迦南婦人）

　　有一個迦南婦人從那地方出來，喊著說：「主啊，大衛之子，可憐我！我女兒被鬼纏得很苦。」耶穌卻一言不答。門徒進前來，求他說：「這婦人在我們後頭喊叫，請打發她走吧。」耶穌回答：「我奉差遣只到以色列家迷失的羊那裡去。」那婦人來拜他，說：「主啊，幫幫我！」他回答：「拿孩子的餅丟給小狗吃是不妥的。」婦人說：「主啊，不錯，可是小狗也吃牠主人桌上掉下來的碎屑。」於是耶穌回答她說：「婦人，妳的信心很大！照妳所要的成全妳吧。」從那時起，她的女兒就好了。

馬太福音十五22-28

聖經中母親的禱告……

為家庭經濟和孩子禱告
（兩個兒子的寡婦）

以利沙對她說：「我可以為妳做什麼呢？告訴我，妳家裡有什麼？」她說：「婢女家中除了一瓶油之外，什麼也沒有。」以利沙說：「妳到外面去向所有的鄰舍借器皿，要空的器皿，不要少借。然後妳回家，關上門，妳和妳兒子在裡面把油倒在所有的器皿裡，倒滿了就放在一邊。」

列王紀下四2-4

於是婦人離開以利沙去了。她關上門，把自己和兒子關在家裡。他們把器皿拿給她，她就倒油。器皿都滿了，她對兒子說：「再給我拿器皿來。」兒子對她說：「沒有器皿了。」油就止住了。婦人去告訴神人，神人說：「妳去賣了油還債，妳和妳兩個兒子可以靠著所剩的過活。」

列王紀下四5-7

聖經中母親的禱告……

為死去孩子的復活禱告
（撒勒法的寡婦）

　　這事以後，那婦人，就是那家的女主人，她的兒子病了，病得很重，甚至沒有氣息。婦人對以利亞說：「神人哪，我跟你有什麼關係，你竟到我這裡來，使神記起我的罪，以致我的兒子死了呢？」以利亞對她說：「把妳兒子交給我。」以利亞就從婦人懷中接過孩子來，抱到他所住的頂樓，放在自己的床上。

列王紀上十七17-19

　　他求告耶和華說：「耶和華—我的神啊，我寄居在這寡婦的家裡，你卻降禍於她，使她的兒子死了嗎？」以利亞三次伏在孩子的身上，求告耶和華說：「耶和華—我的神啊，求你使這孩子的生命歸回給他吧！」耶和華聽了以利亞的呼求，孩子的生命歸回給他，他就活了。

列王紀上十七20-22

God's Promises
for Mothers
神給母親的應許

神給母親的責任

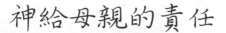

- 委身
- 愛憐
- 管教
- 典範
- 信心
- 虔敬
- 家庭
- 代求
- 疼愛
- 品德
- 順從
- 禱告
- 供應
- 獻祭
- 感謝

神給母親的責任······

委身

她對王說：「我主啊，你曾向使女指著耶和華——你的神起誓：『妳兒子所羅門必接續我作王，他必坐在我的王位上。』」

列王紀上一17

孩子的母親說：「我指著永生的耶和華，又指著你的性命起誓，我必不離開你。」於是以利沙起身，隨著她去了。

列王紀下四30

她想得田地，就去買來，用手中的成果栽葡萄園。

箴言卅一16

婦人焉能忘記她吃奶的嬰孩，不憐憫她所生的兒子？即或有忘記的，我卻不忘記你。看哪，我將你銘刻在我掌上，你的城牆常在我眼前。

以賽亞書四九15-16

神給母親的責任……

愛憐

以撒就領利百加進了母親撒拉的帳棚，娶了她為妻，並且愛她。以撒自從母親離世以後，這才得了安慰。

創世記廿四67

她打開箱子，看見那孩子。看哪，男孩在哭，她就可憐他，說：「這是希伯來人的一個孩子。」孩子的姊姊對法老的女兒說：「我去叫一個希伯來婦人來作奶媽，替妳乳養這孩子，好嗎？」法老的女兒對她說：「去吧！」那女孩就去叫了孩子的母親來。法老的女兒對她說：「妳把這孩子抱去，替我乳養這孩子，我必給妳工錢。」那婦人就把孩子接過來，乳養他。孩子長大了，婦人把他帶到法老的女兒那裡，就作了她的兒子。她給孩子起名叫摩西，說：「因我把他從水裡拉出來。」

出埃及記二6-10

她張手賙濟困苦人，伸手幫助貧窮人。

箴言卅一20

婦人焉能忘記她吃奶的嬰孩，不憐憫她所生的兒子？
即或有忘記的，我卻不忘記你。

以賽亞書四九 15

我要安慰你們，如同母親安慰兒女；你們也必在耶路
撒冷得安慰。

以賽亞書六六 13

神給母親的責任……

管教

耶和華的使者對她說：「妳要回到妳的女主人那裡，屈服在她手下。」

創世記十六9

不可不管教孩童，因為妳用杖打他，他不會死。妳用杖打他，就可以救他的性命免下陰間。

箴言廿三13-14

杖打和責備能增加智慧；任性的少年使母親羞愧。……管教妳的兒子，他就使妳得安寧，也使妳心裡喜樂。

箴言廿九15、17

她以能力束腰，使膀臂有力。她覺得自己獲利不錯，她的燈終夜不滅。……她管理家務，並不吃閒飯。

箴言卅一17-18、27

神給母親的責任……

典範

現在妳要謹慎，清酒烈酒都不可喝，任何不潔之物都不可吃，看哪，妳必懷孕，生一個兒子。不可用剃刀剃他的頭，因為這孩子一出母胎就歸給神作拿細耳人。他必開始拯救以色列脫離非利士人的手。

士師記十三4-5

能力和威儀是她的衣服，她想到日後的景況就喜笑。

箴言卅一25

寡婦若有兒女，或有孫兒女，要讓兒孫先在自己家中學習行孝，報答親恩，因為這在神面前是可蒙悅納的。獨居無靠的真寡婦只仰賴神，晝夜不住地祈求禱告。但好宴樂的寡婦活著也算是死了。

提摩太前書五4-6

勸老年人要有節制、端正、克己，在信心、愛心、耐心上都要健全。又要勸年長的婦女在操守上恭正，不說讒言，不作酒的奴隸，用善道教導人，好指教年輕的婦女愛丈夫，愛兒女，克己，貞潔，理家，善良，順服自己的丈夫，免得神的道被毀謗。……你要顯出自己是好行為的榜樣，在教導上要正直、莊重。

提多書二2-5、7

神給母親的責任⋯⋯

信心

後來不能再藏，就取了一個蒲草箱，抹上柏油和樹脂，將孩子放在裡面，把箱子擱在尼羅河邊的蘆葦中。

出埃及記二3

願耶和華照妳所行的報償妳。妳來投靠在耶和華—以色列神的翅膀下，願妳滿得他的報償。

路得記二12

於是耶穌回答她說：「婦人，妳的信心很大！照妳所要的成全妳吧。」從那時起，她的女兒就好了。

馬太福音十五28

神給母親的責任……

虔敬

才德的婦人誰能得著呢？她的價值遠勝過寶石。她丈夫心裡信賴她，必不缺少利益；她終其一生，使丈夫有益無損。

箴言卅一10-12

魅力是虛假的，美貌是虛浮的；惟敬畏耶和華的婦女必得稱讚。

箴言卅一30

伊利莎白一聽到馬利亞問安，所懷的胎就在腹裡跳動。伊利莎白被聖靈充滿。

路加福音一41

要有善行，這才與自稱為敬畏神的女人相稱。

提摩太前書二10

要棄絕那世俗的言語和老婦的無稽傳說。要在敬虔上操練自己。

提摩太前書四7

神給母親的責任……

家庭

她管理家務，並不吃閒飯。

箴言卅一27

又對那門徒說：「看，你的母親！」從那刻起，那門徒就接她到自己家裡去了。

約翰福音十九27

寡婦若有兒女，或有孫兒女，要讓兒孫先在自己家中學習行孝，報答親恩，因為這在神面前是可蒙悅納的。

提摩太前書五4

克己，貞潔，理家，善良，順服自己的丈夫，免得神的道被毀謗。

提多書二5

神給母親的責任……

代求

她對王說：「我主啊，你曾向使女指著耶和華—你的神起誓：『妳兒子所羅門必接續我作王，他必坐在我的王位上。』」

列王紀上一17

以利亞對她說：「不要怕！妳去照妳所說的做吧！只要先爲我做一個小餅，拿來給我，然後爲妳和妳的兒子做餅；因爲耶和華—以色列的神如此說：『罈內的麵必不用盡，瓶裡的油必不短缺，直到耶和華使雨降在地上的日子。』」

列王紀上十七13-14

有一個迦南婦人從那地方出來，喊著說：「主啊，大衛之子，可憐我！我女兒被鬼纏得很苦。」耶穌卻一言不答。門徒進前來，求他說：「這婦人在我們後頭喊叫，請打發她走吧。」耶穌回答：「我奉差遣只到以色列家迷失的羊那裡去。」那婦人來拜他，說：「主啊，幫幫我！」他回答：「拿孩子的餅丟給小狗吃是不妥的。」婦人說：「主啊，不錯，可是小狗也吃牠主人桌上掉下來的碎屑。」於是耶穌回答她說：「婦人，妳的信心很大！照

妳所要的成全妳吧。」從那時起，她的女兒就好了。

馬太福音十五22-28

耶穌問她：「妳要什麼呢？」她對耶穌說：「在你的國裡，請讓我這兩個兒子一個坐在你右邊，一個坐在你左邊。」

馬太福音二十21

神給母親的責任……

疼愛

好指教年輕的婦女愛丈夫，愛兒女。

提多書二4

我非常歡喜見妳的兒女，有照我們從父所受之命令遵行真理的。夫人哪，我現在請求妳，我們大家要彼此相愛。我寫給妳的，並不是一條新命令，而是我們從起初就有的。

約翰二書一4-5

免費

　　一天晚上，我正在準備晚飯，我十歲的兒子走進廚房，遞給我一張紙，他在紙上寫了一些東西。我在圍裙上擦了擦手，仔細地看了看，上面寫著：

割草，5美元；

這一週整理自己的床鋪，1美元；

去商店，50美分；

妳去購物，我照顧小弟弟，25美分；

倒垃圾，1美元；

取得了優秀的成績單，5美元；

還有打掃院子，2美元。

　　看著他滿懷期待地站在那裡，千萬個記憶一瞬間閃過我的腦海。我接過那張紙，翻到背面，在上面寫道：

懷你9個月，免費；

為你熬夜，請醫生為你看病，免費；

多年來花在你身上的時光、為了你流過的淚、撫養你成長所付出的一切，免費；

　　日日夜夜為你擔憂，將來還要為你操心，免費；

　　給你忠告和教你知識，供你上學，免費；

　　給你買玩具、食品、衣服，為你擦鼻涕，免費；

　　兒子，當你把這些都加到一起時，媽媽付出的所有的愛——都是免費的。

　　看完之後，兒子的眼睛裡噙滿了大滴的淚水。他望著我說：「媽媽，我真的很愛妳。」說著拿起筆在紙上寫下了很大的幾個字：「帳已付清。」

　　——美國作家雪莉‧凱撒（Shirley Ann Caesar）

神給母親的責任……

品 德

現在妳要謹慎，清酒烈酒都不可喝，任何不潔之物都
不可吃。

士師記十三4

才德的婦人誰能得著呢？她的價值遠勝過寶石。她丈
夫心裡信賴她，必不缺少利益。

箴言卅一10-11

才德的女子很多，惟獨妳超過一切。

箴言卅一29

他們兩人在神面前都是義人，遵行主的一切誡命和條
例，沒有可指責的。

路加福音一6

克己，貞潔，理家，善良，順服自己的丈夫，免得神
的道被毀謗。

提多書二5

神給母親的責任……

順從

挪亞同他的兒子、妻子和媳婦都進入方舟，躲避洪水。

創世記七7

天亮了，天使催逼羅得説：「起來！帶著你的妻子和你這裡的兩個女兒出去，免得你因這城的罪孽同被剿滅。」

創世記十九15

羅得的妻子在他後邊回頭一看，就變成了一根鹽柱。

創世記十九26

她對王説：「我主啊，你曾向使女指著耶和華—你的神起誓：『妳兒子所羅門必接續我作王，他必坐在我的王位上。』」

列王紀上一17

以利亞對她説：「不要怕！妳去照妳所説的做吧！只要先爲我做一個小餅，拿來給我，然後爲妳和妳的兒子做餅。」

列王紀上十七13

婦人就照以利亞的話去做。她和以利亞，以及她家中的人，吃了許多日子。

列王紀上十七15

馬利亞說：「我是主的使女，願意照你的話實現在我身上。」於是天使離開她去了。

路加福音一38

你們想想羅得的妻子吧！凡想保全性命的，要喪失性命；凡喪失性命的，要保存性命。

路加福音十七32-33

就如撒拉聽從亞伯拉罕，稱他為主。你們只要行善，不怕任何恐嚇，就成為撒拉的女兒了。

彼得前書三6

神給母親的責任……

禱告

自己走開約有一箭之遠，相對而坐，說：「我不忍心看見孩子死。」她就坐在對面，放聲大哭。

創世記廿一16

哈拿心裡愁苦，就痛痛哭泣，向耶和華祈禱。她許願說：「萬軍之耶和華啊，你若垂顧你使女的苦情，眷念不忘你的使女，賜你的使女一個子嗣，我必使他終生歸給耶和華，不用剃刀剃他的頭。」哈拿在耶和華面前不住地祈禱，以利注意她的嘴。

撒母耳記上一10-12

時候到了，哈拿懷孕生了一個兒子，給他起名叫撒母耳，說：「這是我從耶和華那裡求來的。」

撒母耳記上一20

「我祈求為要得這孩子，耶和華已將我向他所求的賜給我了。所以，我將這孩子獻給耶和華，使他終生歸給耶和華。」他就在那裡敬拜耶和華。

撒母耳記上一27 20

有一個迦南婦人從那地方出來，喊著說：「主啊，大衛之子，可憐我！我女兒被鬼纏得很苦。」耶穌卻一言不答。門徒進前來，求他說：「這婦人在我們後頭喊叫，請打發她走吧。」耶穌回答：「我奉差遣只到以色列家迷失的羊那裡去。」那婦人來拜他，說：「主啊，幫幫我！」他回答：「拿孩子的餅丟給小狗吃是不妥的。」婦人說：「主啊，不錯，可是小狗也吃牠主人桌上掉下來的碎屑。」於是耶穌回答她說：「婦人，妳的信心很大！照妳所要的成全妳吧。」從那時起，她的女兒就好了。

馬太福音十五22-28

神給母親的責任……

供應

後來不能再藏，就取了一個蒲草箱，抹上柏油和樹脂，將孩子放在裡面，把箱子擱在尼羅河邊的蘆葦中。孩子的姊姊遠遠站著，要知道他究竟會怎樣。

出埃及記二3-4

他母親每年為他做一件小外袍，同丈夫上來獻年祭的時候帶來給他。

撒母耳記上二19

她想得田地，就去買來，用手中的成果栽葡萄園。

箴言卅一16

就生了頭胎的兒子，用布包起來，放在馬槽裡，因為客店裡沒有地方。

路加福音二7

神給母親的責任……

獻祭

又對女人說：「我必多多加增妳懷胎的痛苦，妳生兒女時必多受痛苦。妳必戀慕妳丈夫，他必管轄妳。」

創世記三 16

哈拿心裡愁苦，就痛痛哭泣，向耶和華祈禱。她許願說：「萬軍之耶和華啊，你若垂顧你使女的苦情，眷念不忘你的使女，賜你的使女一個子嗣，我必使他終生歸給耶和華，不用剃刀剃他的頭。」

撒母耳記上一 10-11

哈拿卻沒有上去，因為她對丈夫說：「等孩子斷了奶，我就帶他上去朝見耶和華，讓他永遠住在那裡。」她丈夫以利加拿對她說：「就照妳看為好的去做吧！可以留到兒子斷了奶，願耶和華應驗他的話。」於是婦人留在家裡乳養兒子，直到斷了奶。斷奶之後，她就帶著孩子，連同一頭三歲的公牛，一伊法細麵，一皮袋酒，上示羅耶和華的殿去。那時，孩子還小。

撒母耳記上一 22-24

他們宰了公牛，就領孩子到以利面前。婦人說：「我主啊，請容許我說，我向你，我的主起誓，從前在你這裡

站著祈求耶和華的那婦人就是我。我祈求為要得這孩子，
耶和華已將我向他所求的賜給我了。所以，我將這孩子獻
給耶和華，使他終生歸給耶和華。」他就在那裡敬拜耶和
華。

撒母耳記上一25-28

馬利亞說：「我是主的使女，願意照你的話實現在我
身上。」於是天使離開她去了。

路加福音一38

妳們作妻子的，要順服自己的丈夫，這在主裡面是合
宜的。

歌羅西書三18

同樣，妳們作妻子的，要順服自己的丈夫，這樣，即
使有不信從道理的丈夫，也會因妻子的品行，並非言語，
而感化過來。

彼得前書三1

神給母親的責任……

感謝

拿娥米對媳婦說：「願那人蒙耶和華賜福，因為他不斷地恩待活人死人。」拿娥米又對她說：「那人是我們本族的人，是一個可以贖我們產業的至親。」

路得記二20

哈拿禱告說：「我的心因耶和華快樂，我的角因耶和華高舉。我的口向仇敵張開；我因你的救恩歡欣。」

撒母耳記上二1

於是，拔示巴屈身，臉伏於地，向王叩拜，說：「我主大衛王萬歲！」

列王紀上一31

婦人就進來，在以利沙腳前俯伏於地，向他下拜，然後抱起她兒子出去了。

列王紀下四37

馬利亞說：「我心尊主為大；我靈以神我的救主為樂；因為他顧念他使女的卑微；從今以後，萬代要稱我有福。因為那有權的為我做了大事；他的名是聖的。他憐憫敬畏他的人，直到世世代代。他用膀臂施展大能；他趕散

心裡妄想的狂傲人。他叫有權柄的失位，叫卑賤的升高。
他叫飢餓的飽餐美食，叫富足的空手回去。」

神給母親的應許

- 充足
- 憐憫
- 豐收
- 恩典
- 引導
- 尊榮
- 喜樂
- 愛情
- 興旺
- 保護
- 供應
- 敬重
- 復活
- 信賴
- 體諒

神給母親的應許⋯⋯

充足

他們就為利百加祝福，對她說：「我們的妹妹啊，願妳作千萬人的母親！願妳的後裔得著仇敵的城門！」

創世記廿四60

利亞給他起名叫西布倫，說：「神賜給我厚禮了：這次，我丈夫必看重我，因為我為他生了六個兒子。」

創世記三十20

罈內的麵果然沒有用盡，瓶裡的油也不短缺，正如耶和華藉以利亞所說的話。

列王紀上十七16

進了房子，看見小孩子和他母親馬利亞，就俯伏拜那小孩子，揭開寶盒，拿出黃金、乳香、沒藥，作為禮物獻給他。

馬太福音二11

神給母親的應許……

憐憫

　　耶和華見利亞失寵，就使她生育，拉結卻不生育。利亞懷孕生子，給他起名叫呂便，因為她說：「耶和華看見我的苦情，如今我的丈夫必愛我。」她又懷孕生子，給他起名叫西緬，說：「耶和華因為聽見我失寵，所以又賜給我這個兒子。」她又懷孕生子，說：「我給丈夫生了三個兒子，現在，這次他必親近我了。」因此，雅各給他起名叫利未。

創世記廿九31-34

　　婦人焉能忘記她吃奶的嬰孩，不憐憫她所生的兒子？即或有忘記的，我卻不忘記你。看哪，我將你銘刻在我掌上，你的城牆常在我眼前。

以賽亞書四九15-16

　　因耶和華的慈愛，我們不致滅絕，因他的憐憫永不斷絕，每早晨，這都是新的；你的信實極其廣大！我心裡說：「耶和華是我的福分，因此，我要仰望他。」

耶利米哀歌三22-24

　　主看見那寡婦就憐憫她，對她說：「不要哭。」於是耶穌進前來，按著槓，抬的人就站住了。耶穌說：「年輕

人，我吩咐你，起來！」那死人就坐了起來，開始說話，耶穌就把他交給他的母親。眾人都驚奇，歸榮耀給神，說：「有大先知在我們當中興起了！」又說：「神眷顧了他的百姓！」

路加福音七 13-16

神給母親的應許……

豐收

.

耶和華照著他所說的眷顧撒拉,耶和華實現了他對撒拉的應許。亞伯拉罕年老,到神對他說的那所定的時候,撒拉懷了孕,給他生了一個兒子。亞伯拉罕給撒拉所生的兒子起名叫以撒。

創世記廿一1-3

拉結就給他起名叫約瑟,說:「願耶和華再增添一個兒子給我。」

創世記三十24

耶和華眷顧哈拿,她就懷孕生了三個兒子,兩個女兒。那孩子撒母耳在耶和華面前漸漸長大。

撒母耳記上二21

你妻子在你內室,好像多結果子的葡萄樹;你兒女圍繞你的桌子,如同橄欖樹苗。

詩篇一二八3

伊利莎白一聽到馬利亞問安,所懷的胎就在腹裡跳動。伊利莎白被聖靈充滿,高聲喊著說:「妳在婦女中是有福的!妳所懷的胎也是有福的!我主的母親到我這裡

來，爲何這事臨到我呢？因爲妳問安的聲音一入我耳，我腹裡的胎就歡喜跳動。這相信的女子是有福的！因爲主對她所說的話都要應驗。」

路加福音一 41-45

　　他們在那裡的時候，馬利亞的產期到了，就生了頭胎的兒子，用布包起來，放在馬槽裡，因爲客店裡沒有地方。

路加福音二 6-7

神給母親的應許……

恩典

　　耶和華見利亞失寵，就使她生育，拉結卻不生育。利亞懷孕生子，給他起名叫呂便，因爲她說：「耶和華看見我的苦情，如今我的丈夫必愛我。」

創世記廿九31-32

　　他憐憫敬畏他的人，直到世世代代。

路加福音一50

　　主看見那寡婦就憐憫她，對她說：「不要哭。」

路加福音七13

　　然而，那位把我從母腹裡分別出來、又施恩呼召我的神，既然樂意。

加拉太書一15

　　然而，女人若持守信心、愛心，又聖潔克制，就必藉著生產而得救。

提摩太前書二15

神給母親的應許……

引導

從我年輕時，孤兒就與我一同長大，我好像他的父親，我從出母腹就扶助寡婦。

約伯記卅一18

因為這神永永遠遠為我們的神，他必作我們引路的，直到死時。

詩篇四八14

你或向左或向右，必聽見後邊有聲音說：「這是正路，要行在其間。」

以賽亞書三十21

他們不飢不渴，炎熱和烈日必不傷害他們；因為憐憫他們的必引導他們，領他們到水泉旁邊。我必在眾山開闢路徑，大道也要填高。

以賽亞書四九10-11

耶和華必時常引導你，在乾旱之地使你心滿意足，又使你骨頭強壯。你必如有水澆灌的園子，又像水流不絕的泉源。

以賽亞書五八11

說：「起來，帶著小孩子和他母親回以色列地去！因為要殺害這小孩子的人已經死了。」約瑟就起來，帶著小孩子和他母親進入以色列地去。

馬太福音二20-21

因為就在那時候，聖靈要指教你們該說的話。

路加福音十二12

神給母親的應許……

尊榮

當孝敬父母，使你的日子在耶和華—你神所賜你的地上得以長久。

出埃及記二十 12

女兒啊，現在不要懼怕，凡妳所說的，我必為妳做，因為我城裡的百姓都知道妳是個賢德的女子。

路得記三 11

恩慈的婦女得尊榮；強壯的男子得財富。

箴言十一 16

當孝敬父母；又當愛鄰如己。

馬太福音十九 19

　　馬利亞說：「我心尊主爲大；我靈以神我的救主爲樂；因爲他顧念他使女的卑微；從今以後，萬代要稱我有福。因爲那有權能的爲我做了大事；他的名是聖的。他憐憫敬畏他的人，直到世世代代。他用膀臂施展大能；他趕散心裡妄想的狂傲人。他叫有權柄的失位，叫卑賤的升高。他叫飢餓的飽餐美食，叫富足的空手回去。他扶助了他的僕人以色列，不忘記施憐憫，正如他對我們的列祖說過，『憐憫亞伯拉罕和他的後裔，直到永遠。』」

路加福音一46-55

以堅固的信心尊榮神

　　基督徒每一次在聖靈的引領下，奉主耶穌之名禱告，若在信心中發出，符合神的旨意和應許，那麼不論祈求的是物質的，或是靈性上的祝福，沒有不被神答應的。

　　神答應我們的禱告，有兩個分不開的目的：榮耀自己的名，以及祝福祂兒女們屬靈與永恆的福祉。當人到主面前來求憐憫，祂從未拒絕過；今天奉祂的名到神面前來祈求的，也絕不會被拒絕的。

　　有時神的答應就要來了，雖然我們還看不見它的來到。就像冬天時，種子埋在土中抽根，在地上面看來，一點動靜也沒有，好似死了一般，直等春天到來。

　　禱告的答應耽延，不單是信心的試煉，也是我們面對挫敗，卻仍以堅固的信心來尊榮神的機會。

　　　　　　——英國牧師司布真（Charles Haddon Spurgeon）

神給母親的應許……

喜樂

他使不孕的婦女安居家中，成爲快樂的母親，兒女成群。哈利路亞！

詩篇一一三9

這是耶和華所定的日子，我們在其中要高興歡喜！

詩篇一一八24

願你的父母歡喜，願那生你的母親快樂。

箴言廿三25

她的兒女起來稱她有福，她的丈夫也稱讚她：「才德的女子很多，惟獨妳超過一切。」魅力是虛假的，美貌是虛浮的；惟敬畏耶和華的婦女必得稱讚。她手中的成果你們要賞給她，願她的工作在城門口榮耀她。

箴言卅一28-31

你必歡喜快樂；有許多人因他出世也必喜樂。

路加福音一14

因為妳問安的聲音一入我耳，我腹裡的胎就歡喜跳動。這相信的女子是有福的！因為主對她所說的話都要應驗。馬利亞說：「我心尊主為大；我靈以神我的救主為樂；因為他顧念他使女的卑微；從今以後，萬代要稱我有福。因為那有權能的為我做了大事；他的名是聖的。」

路加福音一 44-49

神給母親的應許……

愛情

以撒就領利百加進了母親撒拉的帳棚，娶了她爲妻，並且愛她。以撒自從母親離世以後，這才得了安慰。

創世記廿四67

雅各愛拉結，就說：「我願爲你的小女兒拉結服事你七年。」……雅各就爲拉結服事了七年；他因爲愛拉結，就看這七年如同幾天。

創世記廿九18、20

她又起來拾取麥穗，波阿斯吩咐僕人說：「她即使在禾捆中拾取麥穗，也不可羞辱她。你們還要從捆裡抽一些出來，留給她拾取，不可責備她。」

路得記二15-16

於是，波阿斯娶了路得爲妻，與她同房。耶和華使她懷孕生了一個兒子。

路得記四13

神給母親的應許……

興旺

　　每一個婦女必向她的鄰舍，以及寄居在她家裡的女人，索取金器、銀器和衣裳，給你們的兒女穿戴。這樣你們就掠奪了埃及人。

出埃及記三 22

　　「因為耶和華—以色列的神如此說：『罈內的麵必不用盡，瓶裡的油必不短缺，直到耶和華使雨降在地上的日子。』」婦人就照以利亞的話去做。她和以利亞，以及她家中的人，吃了許多日子。罈內的麵果然沒有用盡，瓶裡的油也不短缺，正如耶和華藉以利亞所說的話。

列王紀上十七 14-16

　　以利沙對她說：「我可以為妳做什麼呢？告訴我，妳家裡有什麼？」她說：「婢女家中除了一瓶油之外，什麼也沒有。」以利沙說：「妳到外面去向所有的鄰舍借器皿，要空的器皿，不要少借。然後妳回家，關上門，妳和妳兒子在裡面把油倒在所有的器皿裡，倒滿了就放在一邊。」於是婦人離開以利沙去了。她關上門，把自己和兒子關在家裡。他們把器皿拿給她，她就倒油。器皿都滿了，她對兒子說：「再給我拿器皿來。」兒子對她說：

「沒有器皿了。」油就止住了。婦人去告訴神人，神人
說：「妳去賣了油還債，妳和妳兩個兒子可以靠著所剩的
過活。」

列王紀下四2-7

神給母親的應許……

保護

挪亞同他的兒子、妻子和媳婦都進入方舟，躲避洪水。……水勢洶湧，在地上共一百五十天。

　　　　　　　　　　　　　　　　　創世記七7、24

後來不能再藏，就取了一個蒲草箱，抹上柏油和樹脂，將孩子放在裡面，把箱子擱在尼羅河邊的蘆葦中。孩子的姊姊遠遠站著，要知道他究竟會怎樣。法老的女兒來到尼羅河邊洗澡，她的女僕們在河邊行走。她看見在蘆葦中的箱子，就派一個使女把它拿來。她打開箱子，看見那孩子。看哪，男孩在哭，她就可憐他，說：「這是希伯來人的一個孩子。」

　　　　　　　　　　　　　　　　　出埃及記二3-6

人若彼此打鬥，傷害有孕的婦人，以致胎兒掉了出來，隨後卻無別的傷害，那傷害她的人，總要按婦人的丈夫所提出的，照審判官所裁定的賠償。

　　　　　　　　　　　　　　　　　出埃及記廿一22

但主是信實的，他要堅固你們，保護你們脫離那邪惡者。

　　　　　　　　　　　　　　　　　帖撒羅尼迦後書三3

神給母親的應許……

供應

「起來！把孩子扶起來，用妳的手握住他，因我必使他成爲大國。」神開了夏甲的眼睛，她就看見一口水井。她就去，把皮袋裝滿了水，給孩子喝。

創世記廿一 18-19

有個先知門徒的妻子哀求以利沙說：「你的僕人，我丈夫死了，他敬畏耶和華是你所知道的。現在有債主來，要帶走我的兩個孩子給他作奴隸。」以利沙對她說：「我可以爲妳做什麼呢？告訴我，妳家裡有什麼？」她說：「婢女家中除了一瓶油之外，什麼也沒有。」以利沙說：「妳到外面去向所有的鄰舍借器皿，要空的器皿，不要少借。然後妳回家，關上門，妳和妳兒子在裡面把油倒在所有的器皿裡，倒滿了就放一邊。」於是婦人離開以利沙去了。她關上門，把自己和兒子關在家裡。他們把器皿拿給她，她就倒油。器皿都滿了，她對兒子說：「再給我拿器皿來。」兒子對她說：「沒有器皿了。」油就止住了。婦人去告訴神人，神人說：「妳去賣了油還債，妳和妳兩個兒子可以靠著所剩的過活。」

列王紀下四 1-7

你要聽從生你的父親；不可因母親年老而輕看她。

馬＝箴言廿三22

因爲在夢中得到主的指示，不要回去見希律，他們就從別的路回自己的家鄉去了。他們走後，忽然主的使者在約瑟夢中向他顯現，説：「起來！帶著小孩子和他母親逃往埃及，住在那裡，等我的指示；因爲希律要搜尋那小孩子來殺害他。」約瑟就起來，連夜帶著小孩子和他母親往埃及去，住在那裡，直到希律死了。這是要應驗主藉先知所説的話：「我從埃及召我的兒子出來。」

馬太福音二12-15

站在耶穌十字架旁邊的，有他的母親、姨母、革羅罷的妻子馬利亞，和抹大拉的馬利亞。耶穌見母親和他所愛的那門徒站在旁邊，就對母親説：「母親，看，妳的兒子！」又對那門徒説：「看，你的母親！」從那刻起，那門徒就接她到自己家裡去了。

約翰福音十九25-27

神給母親的應許……

敬重

你們各人都當孝敬父母，也要守我的安息日。我是耶和華—你們的神。

利未記十九3

我兒啊，要聽你父親的訓誨，因為這要作你頭上恩惠的華冠，作你頸上的項鏈。

箴言一8-9

我兒啊，要遵守你父親的命令，要常掛在你心上，繫在你頸項上。你行走，他必引導你，你躺臥，他必保護你，你睡醒，他必與你談論。

箴言六20-22

咒罵父母的，他的燈必熄滅，在漆黑中。

箴言二十20

神給母親的應許……

復活

以利沙進了屋子，看哪，孩子死了，放在自己的床上。他進去，關上門，只有他們兩個人，他就向耶和華祈禱。他上去伏在孩子身上，口對口，眼對眼，手對手。他伏在孩子身上，孩子的身體就漸漸暖和了。然後他下來，在屋裡來回走了一趟，又上去伏在孩子身上。孩子打了七個噴嚏，眼睛就睜開了。以利沙叫基哈西說：「你叫這書念婦人來。」於是他叫了她來。婦人來到以利沙那裡，以利沙說：「把妳兒子抱起來。」婦人就進來，在以利沙腳前俯伏於地，向他下拜，然後抱起她兒子出去了。

列王紀下四32-37

過了不久，耶穌往一座城去，這城名叫拿因，他的門徒和一大群人與他同行。當他走近城門時，有一個死人被抬出來。這人是他母親獨生的兒子，而他母親又是寡婦。城裡的許多人與她一同送殯。

主看見那寡婦就憐憫她，對她說：「不要哭。」於是耶穌進前來，按著槓，抬的人就站住了。耶穌說：「年輕人，我吩咐你，起來！」那死人就坐了起來，開始說話，耶穌就把他交給他的母親。眾人都驚奇，歸榮耀給神，

說：「有大先知在我們當中興起了！」又說：「神眷顧了他的百姓！」

關於耶穌的這事，就傳遍了猶太和周圍地區。

路加福音七11-17

神給母親的應許……

信賴

「願耶和華照妳所行的報償妳。妳來投靠在耶和華——以色列神的翅膀下，願妳滿得他的報償。」路得說：「我主啊，願我在你眼前蒙恩。我雖然不及你的一個婢女，你還安慰我，對你的婢女說關心的話。」

路得記二 12-13

你當倚靠耶和華而行善，安居地上，以他的信實為糧；又當以耶和華為樂，他就將你心裡所求的賜給你。當將你的道路交託耶和華，並倚靠他，他就必成全。他要使你的公義如光發出，使你的公平明如正午。

詩篇卅七 3-6

你要把你的重擔卸給耶和華，他必扶持你，他永不叫義人動搖。

詩篇五五 22

我倚靠神，我要讚美他的話語；我倚靠神，必不懼怕。血肉之軀能把我怎麼樣呢？

詩篇五六 4

她丈夫心裡信賴她，必不缺少利益。

箴言卅一11

凡勞苦擔重擔的人都到我這裡來，我要使你們得安息。我心裡柔和謙卑，你們當負我的軛，向我學習；這樣，你們的心靈就必得安息。因為我的軛是容易的，我的擔子是輕省的。

馬太福音十一28-30

因為古時仰賴神的聖潔婦人正是以此為妝飾，順服自己的丈夫。

彼得前書三5

神給母親的應許⋯⋯

體諒

當將你的道路交託耶和華，並倚靠他，他就必成全。他要使你的公義如光發出，使你的公平明如正午。

詩篇卅七 5-6

你要把你的重擔卸給耶和華，他必扶持你，他永不叫義人動搖。

詩篇五五 22

智謀要庇護你，聰明必保護你，救你脫離惡人的道，脫離言談乖謬的人。

箴言二 11-12

房屋因智慧建造，因聰明立穩；又因知識，屋內充滿各樣美好寶貴的財物。

箴言廿四 3-4

凡勞苦擔重擔的人都到我這裡來，我要使你們得安息。我心裡柔和謙卑，你們當負我的軛，向我學習；這樣，你們的心靈就必得安息。因為我的軛是容易的，我的擔子是輕省的。

馬太福音十一 28-30

因爲古時仰賴神的聖潔婦人正是以此爲妝飾，順服自己的丈夫。

彼得前書三5

我們知道，神的兒子已經來到，並且將悟性賜給我們，使我們認識那位眞實者，我們也在那位眞實者裡面，就是在他兒子耶穌基督裡面。這是眞神，也是永生。

約翰一書五20

God's Promises
for Mothers
神給母親的應許

神給母親的賜福

- 天使
- 確信
- 福分
- 子女
- 知足
- 信心
- 家庭
- 恩寵
- 滿全
- 快樂
- 醫治
- 公正
- 婚姻
- 憐憫
- 神蹟
- 力量
- 恢復
- 真理

神給母親的賜福……

天使

　　耶和華的使者在曠野的水泉旁，在書珥路上的水泉旁遇見夏甲，對她說：「撒萊的婢女夏甲，妳從哪裡來？要到哪裡去？」她說：「我從我的女主人撒萊面前逃出來。」耶和華的使者對她說：「妳要回到妳的女主人那裡，屈服在她手下。」耶和華的使者對她說：「我必使妳的後裔極其繁多，多到不可勝數。」耶和華的使者又對她說：「看哪，妳已懷孕，要生一個兒子。妳要給他起名叫以實瑪利，因為耶和華聽見了妳的苦楚。」

創世記十六7-11

　　神聽見孩子的聲音，神的使者就從天上呼叫夏甲說：「夏甲，妳為何這樣呢？不要害怕，神已經聽見孩子在那裡的聲音了。」

創世記廿一17

　　以色列人又行耶和華眼中看為惡的事，耶和華將他們交在非利士人手中四十年。那時，有一個但支派的瑣拉人，名叫瑪挪亞。他的妻子不懷孕，不生育。耶和華的使者向那婦人顯現，對她說：「看哪，以前妳不懷孕，不生育，如今妳必懷孕生一個兒子。現在妳要謹慎，清酒烈酒

都不可喝，任何不潔之物都不可吃，看哪，妳必懷孕，生一個兒子。不可用剃刀剃他的頭，因為這孩子一出母胎就歸給神作拿細耳人。他必開始拯救以色列脫離非利士人的手。」

士師記十三 1-5

天使對他說：「撒迦利亞，不要害怕，因為你的祈禱已經被聽見了。你的妻子伊利莎白要給你生一個兒子，你要給他起名叫約翰。」

路加福音一 13

到了第六個月，天使加百列奉神的差遣往加利利的一座城去，這城名叫拿撒勒，到一個童女那裡，她已經許配大衛家的一個人，名叫約瑟；童女的名字叫馬利亞。

路加福音一 26-27

神給母親的賜福……

確信

路得說：「我主啊，願我在你眼前蒙恩。我雖然不及你的一個婢女，你還安慰我，對你的婢女說關心的話。」

路得記二 13

大衛安慰他的妻子拔示巴，與她同房，她就生了兒子，給他起名叫所羅門。耶和華喜愛他。

撒母耳記下十二 24

因為耶和華─以色列的神如此說：「罈內的麵必不用盡，瓶裡的油必不短缺，直到耶和華使雨降在地上的日子。」

列王紀上十七 14

哀慟的人有福了！因為他們必得安慰。

馬太福音五 4

我們知道，萬事都互相效力，叫愛神的人得益處，就是按他旨意被召的人。

羅馬書八 28

神給母親的賜福……

福分

　　「我必賜福給她，也要從她賜一個兒子給你。我必賜福給撒拉，她要興起多國；必有百姓的君王從她而出。」亞伯拉罕就臉伏於地竊笑，心裡想：「一百歲的人還能有孩子嗎？撒拉已經九十歲了，還能生育嗎？」

創世記十七 16-17

　　雅各生約瑟，就是馬利亞的丈夫；那稱為基督的耶穌是從馬利亞生的。這樣，從亞伯拉罕到大衛共有十四代，從大衛到遷至巴比倫的時候也有十四代，從遷至巴比倫的時候到基督又有十四代。耶穌基督降生的事記在下面：他母親馬利亞已經許配給約瑟，還沒有迎娶，馬利亞就從聖靈懷了孕。她丈夫約瑟是個義人，不願意當眾羞辱她，想要暗地裡把她休了。正考慮這些事的時候，忽然主的使者在約瑟夢中向他顯現，說：「大衛的子孫約瑟，不要怕，把你的妻子馬利亞娶過來，因她所懷的孕是從聖靈來的。她將要生一個兒子，你要給他起名叫耶穌，因他要將自己的百姓從罪惡裡救出來。」這整件事的發生，是要應驗主藉先知所說的話：「必有童女懷孕生子；人要稱他的名為以馬內利。」（以馬內利翻出來就是「神與我們同在」。）

馬太福音一 16-23

天使進去，對她說：「蒙大恩的女子，妳好，主和妳同在！」馬利亞因這話就很驚慌，又反覆思考這樣問候是什麼意思。天使對她說：「馬利亞，不要怕，妳在神面前已經蒙恩了。」……高聲喊著說：「妳在婦女中是有福的！妳所懷的胎也是有福的！」

路加福音一28-30、42

耶穌正說這些話的時候，眾人中間有一個女人高聲對他說：「懷你胎乳養你的有福了！」

路加福音十一27

神給母親的賜福……

子女

那人和他妻子夏娃同房，夏娃就懷孕，生了該隱，她說：「我靠耶和華得了一個男的。」

創世記四1

拉結見自己不給雅各生孩子，就嫉妒她姊姊，對雅各說：「你給我孩子，不然，讓我死了吧。」雅各對拉結生氣，說：「是我代替神使妳生不出孩子的嗎？」

創世記三十1-2

看哪，兒女是耶和華所賜的產業，所懷的胎是他所給的賞賜。

詩篇一二七3

你的兒女都要領受耶和華的教導，你的兒女必大享平安。

以賽亞書五四13

神給母親的賜福……

知足

所以，不要憂慮，說：「我們吃什麼？喝什麼？穿什麼？」這都是外邦人所求的。你們需要這一切東西，你們的天父都知道。你們要先求神的國和他的義，這些東西都要加給你們了。所以，不要爲明天憂慮，因爲明天自有明天的憂慮；一天的難處一天當就夠了。

馬太福音六31-34

其實，敬虔加上知足就是大利。因爲我們沒有帶什麼到世上來，也不能帶什麼去；只要有衣有食，我們就該知足。

提摩太前書六6-8

不可貪愛錢財，要以自己所有的爲滿足，因爲神曾說：「我絕不撇下你，也絕不丟棄你。」所以，我們可以勇敢地說：「主是我的幫助，我必不懼怕。人能把我怎麼樣呢？」

希伯來書十三5-6

神給母親的賜福……

信心

於是耶穌回答她說：「婦人，妳的信心很大！照妳所要的成全妳吧。」從那時起，她的女兒就好了。

馬太福音十五28

他們兩人在神面前都是義人，遵行主的一切誡命和條例，沒有可指責的。

路加福音一6

這相信的女子是有福的！因為主對她所說的話都要應驗。

路加福音一45

所以，我們既因信稱義，就藉著我們的主耶穌基督得以與神和好。我們又藉著他，因信得以進入現在所站立的這恩典中，並且歡歡喜喜盼望神的榮耀。

羅馬書五1-2

神給母親的賜福……

家庭

　　路得說：「不要勸我離開妳，轉去不跟隨妳。妳往哪裡去，我也往哪裡去；妳在哪裡住，我也在哪裡住；妳的百姓就是我的百姓；妳的神就是我的神。」

路得記一16

　　以利為以利加拿和他妻子祝福，說：「願耶和華由這婦人再賜你後裔，代替從耶和華求來的孩子。」他們就回自己的地方去了。

撒母耳記上二20

　　他使不孕的婦女安居家中，成為快樂的母親，兒女成群。哈利路亞！

詩篇一一三9

　　進他家時，要向那家請安。那家若配得平安，你們所求的平安就臨到那家；若不配得，你們所求的平安仍歸你們。

馬太福音十12-13

　　他們兩人在神面前都是義人，遵行主的一切誡命和條例，沒有可指責的。

路加福音一6

神給母親的賜福……

恩寵

神說：「不！你妻子撒拉必為你生一個兒子，你要給他起名叫以撒。我要與他堅立我的約，成為他後裔永遠的約。」

創世記十七 19

撒母耳這孩子漸漸長大，耶和華與人越發喜愛他。

撒母耳記上二 26

他在主面前將要為大，淡酒烈酒都不喝，從母腹裡就被聖靈充滿。他要使許多以色列人回轉，歸於主──他們的神。

路加福音一 15-16

天使對她說：「馬利亞，不要怕，妳在神面前已經蒙恩了。」

路加福音一 30

神給母親的賜福……

滿全

我要使你和女人彼此為仇，你的後裔和女人的後裔也彼此為仇。他要傷你的頭，你要傷他的腳跟。

創世記三15

大衛王回答說：「召拔示巴到我這裡來。」拔示巴就來，站在王面前。王起誓說：「我指著救我性命脫離一切苦難的永生的耶和華起誓。我既然指著耶和華—以色列的神向妳起誓說：妳兒子所羅門必接續我作王，他必繼承我坐在我的王位上，我今日必這樣做。」

列王紀上一28-30

你妻子在你內室，好像多結果子的葡萄樹；你兒女圍繞你的桌子，如同橄欖樹苗。。

詩篇一二八3

母親

五個夏天前
我從火車窗戶撒下一把種籽
今日的軌道杜鵑縈繞
鐵路串起母親的珠子

她的手中多少盞燈
她的膝下多少雙手
她的眼裡多少對膝
她的樹上多少隻眼

她輕啟靜默的唇發出禱聲
她的微笑於我雙頰留連
鄰居企羨她溫暖的吻
她的屋宇清溪暢流綿延

為了感受她臉龐闊限
我受邀來到世間
還記得　還記得
那天清晨裡的懵懵然

一根髮絲多纖細　她的髮辮多厚實
溫婉的眼神訴說千言萬語
我愛與她分享沉默
當我握著母親柔軟的手

我回首　她的淚是愛
凡間之渴仍徘徊在破裂的杯口
當她的歌依舊等待著我旋轉的鈴
她的心如何靜默守候
鞘若空　有悲傷填滿

多少擔憂抓住她包紮好的傷口
網中洞不過是她的指紋
她的渴望不佔椅子不據門

當夏日果實落在秋雪中

她伸手將我抱起

我墜入她童年的夢鄉

低聲對哥哥們說—讓她睡吧

時光流逝　我不認得

那些曾建造我家的木匠

當他們緩緩簇擁在她肩頭

我在人行道上續寫著自己的行詩

兩次我呼喚自己　卻無回應

我的視野摻雜著她見不著的天地

當街衢和人行道交疊　我將她喚醒

神要栽種我如杜鵑

——國際知名詩人、畫家艾奇恩（Akiane Kramarik）

神給母親的賜福……

快樂

撒拉說：「神使我歡笑，凡聽見的人必與我一同歡笑。」

創世記廿一6

利亞給他起名叫亞設，說：「我真有福啊，眾女子都要稱我有福。」

創世記三十13

凡投靠你的，願他們喜樂，時常歡呼，因為你庇護他們；又願那愛你名的人都靠你歡欣。耶和華啊，因為你必賜福給義人，你必用恩惠如同盾牌四面護衛他。

詩篇五11-12

你必歡喜快樂；有許多人因他出世也必喜樂。

路加福音一14

我靈以神我的救主為樂。

路加福音一47

神給母親的賜福……

醫治

亞伯拉罕向神禱告，神就醫好亞比米勒和他的妻子，以及他的使女們，他們就能生育。

創世記二十17

耶穌到了彼得家裡，見彼得的岳母正發燒躺著。耶穌一摸她的手，燒就退了，於是她起來服事耶穌。

馬太福音八14-15

這時，有一個女人，患了經血不止的病有十二年，來到耶穌背後，摸他的衣裳繸子；因爲她心裡説：「我只要摸他的衣裳，就會痊癒。」耶穌轉過來，看見她，就説：「女兒，放心！妳的信救了妳。」從那時起，這女人就痊癒了。

馬太福音九20-22

神給母親的賜福……

公 正

拉結給他起名叫但，說：「神爲我伸冤，也聽了我的聲音，賜給我一個兒子。」

創世記三十6

王說：「把活孩子劈成兩半，一半給這婦人，一半給那婦人。」活孩子的母親爲自己的兒子心急如焚，對王說：「求我主把活孩子給那婦人吧，萬不可殺死他！」那婦人說：「這孩子也不歸我，也不歸妳，你們就劈了吧！」王回應說：「把活孩子給這婦人，萬不可殺死他，因爲這婦人是他的母親。」

列王紀上三25-27

神給母親的賜福……

婚姻

因此，人要離開父母，與妻子結合，二人成為一體。

創世記二24

雅各愛拉結，就說：「我願為你的小女兒拉結服事你七年。」

創世記廿九18

她丈夫以利加拿對她說：「哈拿，妳為何哭泣？為何不吃飯？為何傷心難過呢？有我不比有十個兒子更好嗎？」

撒母耳記上一8

哈拿說：「願你的婢女在你眼前蒙恩。」於是婦人上路，去吃飯，臉上不再帶愁容了。

撒母耳記上一18

她丈夫在城門口與本地的長老同坐，為人所認識。

箴言卅一23

神給母親的賜福……

憐憫

耶和華的使者又對她說：「看哪，妳已懷孕，要生一個兒子。妳要給他起名叫以實瑪利，因為耶和華聽見了妳的苦楚。」

創世記十六11

神顧念拉結，應允她，使她能生育。拉結懷孕生子，說：「神除去了我的羞恥。」

創世記三十22-23

有一個迦南婦人從那地方出來，喊著說：「主啊，大衛之子，可憐我！我女兒被鬼纏得很苦。」……於是耶穌回答她說：「婦人，妳的信心很大！照妳所要的成全妳吧。」從那時起，她的女兒就好了。

馬太福音十五22、28

她說：「主在眷顧我的日子，這樣看顧我，要除掉我在人前的羞恥。」

路加福音一25

神給母親的賜福……

神蹟

　　他們對亞伯拉罕說：「你妻子撒拉在哪裡？」他說：「看哪，在帳棚裡。」有一位說：「明年這時候，我一定會回到你這裡。看哪，你的妻子撒拉會生一個兒子。」撒拉在那人後面的帳棚門口也聽見了。

　　亞伯拉罕和撒拉都年紀老邁，撒拉的月經已停了。撒拉心裡竊笑，說：「我已衰老，我的主也老了，怎能有這喜事呢？」

　　耶和華對亞伯拉罕說：「撒拉為什麼竊笑，說：『我已年老，果真能生育嗎？』耶和華豈有難成的事嗎？到了所定的時候，我必回到你這裡。明年這時候，撒拉會生一個兒子。」

創世記十八9-14

　　又說：「誰能預先對亞伯拉罕說，撒拉要乳養孩子呢？因為在他年老的時候，我為他生了一個兒子。」

創世記廿一7

　　於是耶穌回答她說：「婦人，妳的信心很大！照妳所要的成全妳吧。」從那時起，她的女兒就好了。

馬太福音十五28

　　況且，妳的親戚伊利莎白，就是那素來稱爲不生育的，在年老的時候也懷了男胎，現在懷孕六個月了。因爲，出於神的話，沒有一句不帶能力的。

路加福音一36-37

　　門徒問耶穌：「拉比，這人生來失明，是誰犯了罪？是這人還是他的父母呢？」耶穌回答：「既不是這人犯了罪，也不是他的父母，而是要在他身上顯出神的作爲來。」

約翰福音九2-3

神給母親的賜福……

力量

她以能力束腰，使膀臂有力。

箴言卅一 17

伊利莎白一聽到馬利亞問安，所懷的胎就在腹裡跳動。伊利莎白被聖靈充滿。

路加福音一 41

但聖靈降臨在你們身上，你們就必得著能力，並要在耶路撒冷、猶太全地和撒瑪利亞，直到地極，作我的見證。

使徒行傳一 8

然而，靠著愛我們的主，在這一切的事上，我們已經得勝有餘了。

羅馬書八 37

神給母親的賜福……

恢復

亞當又與妻子同房,她就生了一個兒子,給他起名叫塞特,說:「神給我立了另一個子嗣代替亞伯,因為該隱殺了他。」

創世記四25

他必振奮妳的精神,奉養妳的晚年,因為他是愛慕妳的媳婦所生的。有這樣的媳婦,比有七個兒子更好!

路得記四15

然而神必救贖我的命脫離陰間的掌控,因他必收納我。

詩篇四九15

這些日子以後,他的妻子伊利莎白就懷孕,隱藏了五個月;她說:「主在眷顧我的日子,這樣看顧我,要除掉我在人前的羞恥。」

路加福音一24-25

神給母親的賜福……

真理

你們將認識真理，真理會使你們自由。

約翰福音八32

所以，神的兒子若使你們自由，你們就真正自由了。

約翰福音八36

但真理的靈來的時候，他要引導你們進入一切真理。因為他不是憑著自己說的，而是把他所聽見的都說出來，並且要把將要來的事向你們傳達。

約翰福音十六13

我聽見我的兒女按真理而行，我的歡喜沒有比這個更大的。

約翰三書一4

God's Promises
for Mothers
神給母親的應許

神給母親的回應

- 如何信靠在耶穌裡的充足
- 如何緊握神話語的權能
- 如何堅定持守信心
- 如何戰勝仇敵
- 如何以基督為中心
- 如何擁有靠主而得的喜樂
- 如何勝過試煉
- 如何克服壓力
- 如何走出絕望
- 如何建立禱告生活
- 如何仰望神的看顧
- 如何面對困苦
- 如何得著神的應許

神給母親的回應……

如何信靠在耶穌裡的充足

這血要在你們所住的房屋上作記號；我一見這血，就逾越你們。我擊打埃及地的時候，災殃必不臨到你們身上施行毀滅。

出埃及記十二 13

耶和華是我的牧者，我必不致缺乏。他使我躺臥在青草地上，領我在可安歇的水邊。他使我的靈魂甦醒，為自己的名引導我走義路。我雖然行過死蔭的幽谷，也不怕遭害，因為你與我同在；你的杖、你的竿，都安慰我。

詩篇廿三 1-4

我的幫助從造天地的耶和華而來。他不叫你的腳搖動，保護你的必不打盹！

詩篇一二一 2-3

保護你的是耶和華，耶和華在你右邊蔭庇你。……耶和華要保護你，免受一切的災害，他要保護你的性命。你出你入，耶和華要保護你，從今時直到永遠。

詩篇一二一 5、7-8

耶穌對他說：「我就是道路、眞理、生命；若不藉著我，沒有人能到父那裡去。」

約翰福音十四6

我們藉著基督才對神有這樣的信心。並不是我們憑自己配做什麼事，我們之所以配做是出於神。

哥林多後書三4-5

他對我說：「我的恩典是夠你用的，因爲我的能力是在人的軟弱上顯得完全。」所以，我更喜歡誇耀自己的軟弱，好使基督的能力覆庇我。

哥林多後書十二9

從前你們是遠離神的人，如今卻在基督耶穌裡，靠著他的血，已經得以親近了。

以弗所書二13

我靠著那加給我力量的，凡事都能做。

腓立比書四13

既然我們有一位偉大、進入高天的大祭司，就是耶穌—神的兒子，我們應當持定所宣認的道。因爲我們的大祭司並非不能體恤我們的軟弱；他也在各方面受過試探，與我們一樣，只是他沒有犯罪。所以，我們只管坦然無懼地來到施恩的寶座前，爲要得憐憫，蒙恩惠，作及時的幫助。

希伯來書四14-16

何況基督的血，他藉著永遠的靈把自己無瑕疵地獻給神，更能洗淨我們的良心，除去致死的行為，好事奉那位永生的神。

希伯來書九14

我看見了他，就仆倒在他腳前，像死人一樣。他用右手按著我說：「不要怕。我是首先的，是末後的，又是永活的。我曾死過，看哪，我是活著的，直到永永遠遠；並且我拿著死亡和陰間的鑰匙。」

啟示錄一17-18

神給母親的回應……

如何緊握神話語的權能

耶和華的言語是純淨的言語，如同銀子在泥做的爐中煉過七次。耶和華啊，你必保護他們，你必保佑他們永遠脫離這世代的人。

詩篇十二6-7

他發出自己的話語醫治他們，救他們脫離陰府。

詩篇一○七20

耶和華啊，你的話安定在天，直到永遠。你的信實存到萬代；你堅立了地，地就長存。

詩篇一一九89-90

草必枯乾，花必凋謝，惟有我們神的話永遠立定。

以賽亞書四十8

天地要廢去，我的話卻絕不廢去。

路加福音廿一33

太初有道，道與神同在，道就是神。這道太初與神同在。萬物都是藉著他造的，沒有一樣不是藉著他造的。凡被造的，在他裡面有生命，這生命就是人的光。

約翰福音一1-4

你從我聽到那健全的言論，要用在基督耶穌裡的信心和愛心常常守著，作為規範。

提摩太後書一13

並且知道你從小明白聖經，這聖經能使你因在基督耶穌裡的信有得救的智慧。聖經都是神所默示的，於教訓、督責、使人歸正、教導人學義都是有益的。

提摩太後書三15-16

神的道是活潑的，是有功效的，比一切兩刃的劍更鋒利，甚至魂與靈、骨節與骨髓，都能刺入、剖開，連心中的思念和主意都能辨明。

希伯來書四12

神給母親的回應……

如何堅定持守信心

我豈沒有吩咐你嗎？你當剛強壯膽，不要懼怕，也不要驚惶，因為你無論往哪裡去，耶和華你的神必與你同在。

約書亞記一9

看哪，我是耶和華，是凡有血肉之軀者的神，在我豈有難成的事嗎？

耶利米書卅二27

因為，出於神的話，沒有一句不帶能力的。

路加福音一37

我們處處受困，卻不被捆住；內心困擾，卻沒有絕望；遭受迫害，卻不被撇棄；擊倒在地，卻不致滅亡。我們身上常帶著耶穌的死，使耶穌的生也在我們身上顯明。

哥林多後書四8-10

因為我們行事為人是憑著信心，不是憑著眼見。

哥林多後書五7

又用和平的福音當作預備走路的鞋穿在腳上。此外，要拿信德當作盾牌，用來撲滅那惡者一切燒著的箭。

以弗所書六15-16

你們要追念往日：你們蒙了光照以後，忍受了許多痛苦的掙扎……所以，不可丟棄你們無懼的心，存這樣的心必得大賞賜。……我們卻不是退縮以致沉淪的那等人，而是有信心以致得生命的人。

希伯來書十32、35、39

親愛的，我一直很迫切地想要寫信給你們，論到我們同享的救恩，但我覺得有必要現在就寫信勸你們，要為從前一次交付給聖徒的真道竭力奮鬥。

猶大書一3

親愛的，至於你們，要在至聖的真道上造就自己，藉著聖靈禱告，保守自己常在神的愛中，仰望我們主耶穌基督的憐憫，進入永生。

猶大書一20-21

神給母親的回應……

如何戰勝仇敵

耶和華要保護你,免受一切的災害,他要保護你的性命。你出你入,耶和華要保護你,從今時直到永遠。

詩篇一二一7-8

你們要防備假先知。他們到你們這裡來,外面披著羊皮,裡面卻是殘暴的狼。豈能在荊棘上摘葡萄呢?豈能在蒺藜裡摘無花果呢?憑著他們的果子,就可以認出他們來。這樣,凡好樹都結好果子,而壞樹結壞果子。

馬太福音七15-17

所以,憑著他們的果子就可以認出他們來。不是每一個稱呼我「主啊,主啊」的人都能進天國;惟有遵行我天父旨意的人才能進去。在那日必有許多人對我說:「主啊,主啊,我們不是奉你的名傳道,奉你的名趕鬼,奉你的名行許多異能嗎?」我要向他們宣告:「我從來不認識你們,你們這些作惡的人,給我走開!」

馬太福音七20-23

不要效法這個世界,只要心意更新而變化,叫你們察驗何為神的善良、純全、可喜悦的旨意。

羅馬書十二2

因為我們爭戰的兵器本不是屬血氣的，而是憑著神的能力，能夠攻破堅固的營壘。我們攻破各樣的計謀。

哥林多後書十4

即使生氣也不要犯罪；不可含怒到日落，不可給魔鬼留地步。

以弗所書四26-27

那暗昧無益的事，不可參與，倒要把這種事揭發出來。

以弗所書五11

要穿戴神所賜的全副軍裝，好抵擋魔鬼的詭計。因為我們的爭戰並不是對抗有血有肉的人，而是對抗那些執政的、掌權的、管轄這幽暗世界的，以及天空靈界的惡魔。所以，要拿起神所賜的全副軍裝，好在邪惡的日子能抵擋仇敵，並且完成了一切後還能站立得住。所以，要站穩了，用真理當作帶子束腰，用公義當作護心鏡遮胸。

以弗所書六11-14

神所賜那超越人所能了解的平安，必在基督耶穌裡，保守你們的心懷意念。末了，弟兄們，凡是真實的、凡是可敬的、凡是公義的、凡是清潔的、凡是可愛的、凡是有美名的，若有什麼德行，若有什麼稱讚，你們都要留意。

腓立比書四7-8

但主是信實的,他要堅固你們,保護你們脫離那邪惡者。

帖撒羅尼迦後書三3

主必救我脫離一切的兇惡,也必救我進他的天國。願榮耀歸給他,直到永永遠遠。阿們!

提摩太後書四18

既然他自己被試探而受苦,他能幫助被試探的人。

希伯來書二18

頌讚和詛咒從同一個口出來。我的弟兄們,這是不應該的。泉源能從一個出口發出甜苦兩樣的水嗎?

雅各書三10-11

你們這些淫亂的人哪,豈不知道與世俗為友就是與神為敵嗎?所以,凡想要與世俗為友的,就是與神為敵了。

雅各書四4

所以,要順服神。要抵擋魔鬼,魔鬼就必逃避你們;要親近神,神就必親近你們。有罪的人哪,要潔淨你們的手!心懷二意的人哪,要清潔你們的心!

雅各書四7-8

那麼,主知道搭救敬虔的人脫離試煉,把不義的人留在懲罰之下等候審判的日子。

彼得後書二9

神給母親的回應……

如何以基督為中心

我曾尋求耶和華，他就應允我，救我脫離一切的恐懼。

詩篇卅四4

神啊，你是我的神，我要切切尋求你；在乾旱疲乏無水之地，我的心靈渴想你，我的肉身切慕你。我在聖所中曾如此瞻仰你，為要見你的能力和你的榮耀。……我在床上記念你，在夜更的時候思念你；我的心像吃飽了骨髓肥油，我也要以歡樂嘴唇讚美你。因為你曾幫助了我，我要在你翅膀的陰下歡呼。

詩篇六三1-2、5-7

耶和華啊，我投靠你，求你叫我永不羞愧！……主耶和華啊，你是我所盼望的；自我年幼，你是我所倚靠的。……我要滿口述說讚美你的話終日榮耀你。

詩篇七一1、5、8

我一生要向耶和華唱詩！我還活的時候，要向我的神歌頌！願他悅納我的默念！我要因耶和華歡喜！

詩篇一○四33-34

從日出之地到日落之處，耶和華的名是應當讚美的！

詩篇一一三3

我們生活、行動、存在都在於他。就如你們的詩人也有人說：「我們也是他所生的。」

使徒行傳十七28

如今，那些在基督耶穌裡的人就不被定罪了。因為賜生命的聖靈的律，在基督耶穌裡從罪和死的律中把你釋放出來。

羅馬書八1-2

總要披戴主耶穌基督，不要只顧滿足肉體，去放縱私慾。

羅馬書十三14

現在活著的不再是我，乃是基督在我裡面活著；並且我如今在肉身活著，是因信神的兒子而活；他是愛我，為我捨己。

加拉太書二20

當用各樣的智慧，把基督的道豐豐富富的存在心裡，用詩篇、讚美詩、靈歌，彼此教導，互相勸戒，以感恩的心歌頌神。

歌羅西書三16

訓練我們除去不敬虔的心和世俗的情慾，在今世過克
己、正直、敬虔的生活，等候福樂的盼望，並等候至大的
神和我們的救主耶穌基督的榮耀顯現。

提多書二 12-13

仰望我們信心的創始成終者耶穌，他因那擺在前面的
喜樂，輕看羞辱，忍受了十字架的苦難，如今已坐在神寶
座的右邊。

希伯來書十二 2

孩子們哪，你們要住在基督裡面。這樣，他若顯現，
我們就可以坦然無懼；當他來臨的時候，在他面前不至於
慚愧。

約翰一書二 28

神給母親的回應……

如何擁有靠主而得的喜樂

尼希米對他們說：「你們去吃肥美的，喝甘甜的，有不能預備的就分給他，因為今日是我們主的聖日。你們不要憂愁，因靠耶和華而得的喜樂是你們的力量。」

尼希米記八 10

凡投靠你的，願他們喜樂，時常歡呼，因為你庇護他們；又願那愛你名的人都靠你歡欣。耶和華啊，因為你必賜福給義人，你用恩惠如同盾牌四面護衛他。

詩篇五 11-12

神啊，求你為我造清潔的心，使我裡面重新有正直的靈。不要丟棄我，使我離開你的面；不要從我收回你的聖靈。求你使我重得救恩之樂，以樂意的靈來扶持我。

詩篇五一 10-12

神啊,我心堅定,我心堅定;我要唱詩,我要歌頌!我的靈啊,你當醒起!琴瑟啊,當醒起!我自己要極早醒起!主啊,我要在萬民中稱謝你,在萬族中歌頌你!

詩篇五七7-9

因你的慈愛比生命更好,我的嘴唇要頌讚你。我還活著的時候要這樣稱頌你,我要奉你的名舉手。我在床上記念你,在夜更的時候思念你;我的心像吃飽了骨髓肥油,我也要以歡樂的嘴唇讚美你。

詩篇六三3-5

這是耶和華所定的日子,我們在其中要高興歡喜!

詩篇一一八24

願聖民因所得的榮耀歡樂!願他們在床上也歡呼!

詩篇一四九5

心中喜樂,面有喜色;心裡憂愁,靈就憂傷。

箴言十五13

凡勞苦擔重擔的人都到我這裡來,我要使你們得安息。我心裡柔和謙卑,你們當負我的軛,向我學習;這樣,你們的心靈就必得安息。因為我的軛是容易的,我的擔子是輕省的。

馬太福音十一28-30

　　我已對你們說了這些事，是要讓我的喜樂存在你們心裡，並讓你們的喜樂得以滿足。你們要彼此相愛，像我愛你們一樣，這是我的命令。

約翰福音十五11-12

　　因爲神的國不在乎飲食，而在乎公義、和平及聖靈中的喜樂。

羅馬書十四17

　　不可貪愛錢財，要以自己所有的爲滿足，因爲神曾說：「我絕不撇下你，也絕不丟棄你。」

希伯來書十三5

神給母親的回應……

如何勝過試煉

然而他知道我所走的路;他試煉我,我就如純金。我的腳緊跟他的步伐;我謹守他的道,並不偏離。

約伯記廿三 10-11

耶和華是我的牧者,我必不致缺乏。他使我躺臥在青草地上,領我在可安歇的水邊。他使我的靈魂甦醒,爲自己的名引導走義路。我雖然行過死蔭的幽谷,也不怕遭害,因爲你與我同在;你的杖、你的竿,都安慰我。

詩篇廿三 1-4

義人呼求,耶和華聽見了,就拯救他們脫離一切患難。耶和華靠近傷心的人,拯救心靈痛悔的人。義人多有苦難,但耶和華救他脫離這一切。

詩篇卅四 17-19

你要把你的重擔卸給耶和華,他必扶持你,他永不叫義人動搖。

詩篇五五 22

我倚靠神,必不懼怕。人能把我怎麼樣呢?神啊,我要向你還所許的願,我要以感謝祭回報你;因爲你救我的

命脫離死亡。你保護我的腳不跌倒，使我在生命的光中行
在神面前。

詩篇五六11-13

　　求你搭救我脫離淤泥，不叫我陷在其中；求你使我脫
離那些恨我的人，使我脫離深水。求你不容波濤漫過我，
不容深淵吞滅我，不容深坑在我以上合口。耶和華啊，求
你應允我！因為你的慈愛本為美好；求你按你豐盛的憐憫
轉回眷顧我！不要轉臉不顧你的僕人；我在急難之中，求
你速速應允我！求你親近我，救贖我！求你因我仇敵的緣
故將我贖回！

詩篇六九14-18

　　我說，至高者右手的能力已改變，這是我的悲哀。我
要記念耶和華所做的，要記念你古時的奇事；我要思想你
所做的，默念你的作為。神啊，你的道是神聖的；有何神
明大如神呢？你是行奇事的神，你曾在萬民中彰顯能力。

詩篇七七10-14

　　你從水中經過，我必與你同在，你渡過江河，水必
不漫過你；你在火中行走，也不被燒傷，火焰必不燒著你
身。因為我是耶和華─你的神，是以色列的聖者─你的救
主；我使埃及作你的贖價，使古實和西巴代替你。

以賽亞書四三2-3

　　我的仇敵啊，不要向我誇耀。我雖跌倒，仍要起來；
雖坐在黑暗裡，耶和華卻作我的光。

彌迦書七8

　　所以，不要憂慮，說：「我們吃什麼？喝什麼？穿什麼？」這都是外邦人所求的。你們需要這一切東西，你們的天父都知道。你們要先求神的國和他的義，這些東西都要加給你們了。所以，不要為明天憂慮，因為明天自有明天的憂慮；一天的難處一天當就夠了。

馬太福音六31-34

　　他對我說：「我的恩典是夠你用的，因為我的能力是在人的軟弱上顯得完全。」所以，我更喜歡誇耀自己的軟弱，好使基督的能力覆庇我。

哥林多後書十二9

　　我靠著那加給我力量的，凡事都能做。

腓立比書四13

夢想成真

神的應許無關乎你實際上的光景如何。即使醫學的檢查報告認定妳無法生育，祂也能改寫妳的故事，使妳懷抱自己孩子的夢想成真。這正是神為哈拿，先知撒母耳的母親所行的神蹟。

「飽足的人作雇工求食；飢餓的人也不再飢餓。不生育的生了七個；兒女多的反倒孤獨。」（撒母耳記上二章5節）哈拿因為無法生育而抬不起頭來，但神記念了她。

祂也會記念你。耐心地等待祂的應許成就，很快地，有一天那些嘲笑妳的人將圍繞在妳身邊，與妳一同慶祝。

妳是否正處於絕望的光景中？妳感覺自己就要放棄了嗎？也許妳甚至想要結束自己的生命。神能夠帶領妳脫離目前的困境。操練多一點的耐心，那將變成從內心發出的歡笑，妳的故事也會從此改寫。

看看約伯記裡頭充滿希望的話語：「因樹有指

望，若被砍下，還可發芽，嫩枝生長不息。樹根若衰老在地裡，樹幹也死在土中，及至得了水氣，還會發芽，長出枝條，像新栽的樹一樣。」（約伯記十四章 7-9 節）

——英國牧師歐騰拿（John Rotimi Oteniya）

神給母親的回應……

如何克服壓力

神是我們的避難所，是我們的力量，是我們在患難中隨時的幫助。所以，地雖改變，山雖搖動到海心，其中的水雖澎湃翻騰，山雖因海漲而戰抖，我們也不害怕。

詩篇四六1-3

你不要害怕，因為我與你同在；不要驚惶，因為我是你的神。我必堅固你，幫助你，用我公義的右手扶持你。

以賽亞書四一10

凡勞苦擔重擔的人都到我這裡來，我要使你們得安息。我心裡柔和謙卑，你們當負我的軛，向我學習；這樣，你們的心靈就必得安息。因為我的軛是容易的，我的擔子是輕省的。

馬太福音十一28-30

耶穌在船尾上，枕著枕頭睡覺。門徒叫醒他，說：「老師！我們快沒命了，你不管嗎？」耶穌醒了，斥責那風，向海說：「住了吧！靜了吧！」風就止住，大大平靜了。耶穌對他們說：「為什麼膽怯？你們還沒有信心嗎？」

馬可福音四38-40

所以，神的兒子若使你們自由，你們就真正自由了。

約翰福音八36

我留下平安給你們，我把我的平安賜給你們。我所賜給你們的，不像世人所賜的。你們心裡不要憂愁，也不要膽怯。

約翰福音十四27

應當一無掛慮，只要凡事藉著禱告、祈求和感謝，將你們所要的告訴神。神所賜那超越人所能了解的平安，必在基督耶穌裡，保守你們的心懷意念。末了，弟兄們，凡是真實的、凡是可敬的、凡是公義的、凡是清潔的、凡是可愛的、凡是有美名的，若有什麼德行，若有什麼稱讚，你們都要留意。

腓立比書四6-8

因為神賜給我們的不是膽怯的心，而是剛強、仁愛、自制的心。……神救了我們，以聖召召我們，不是按我們的行為，而是按他的旨意和恩典；這恩典是萬古之先在基督耶穌裡賜給我們的。

提摩太後書一7、9

神給母親的回應……

如何走出絕望

但你—耶和華是我四圍的盾牌，是我的榮耀，又是令我抬起頭來的。我用我的聲音求告耶和華，他就從他的聖山上應允我。我躺下，我睡覺，我醒來，耶和華都保佑我。雖有成萬的百姓周圍攻擊我，我也不懼怕。

詩篇三 3-6

我深信在活人之地必得見耶和華的恩惠。要等候耶和華，當壯膽，堅固你的心，要等候耶和華！

詩篇廿七 13-14

夜間我想起我的歌曲，我的心默想，我的靈仔細省察。

詩篇七七 6

你是我藏身之處，是我的盾牌；我仰望你的話。

詩篇一一九 114

但那等候耶和華的必重新得力。他們必如鷹展翅上騰；他們奔跑卻不困倦，行走卻不疲乏。

以賽亞書四十 31

因耶和華的慈愛，我們不致滅絕，因他的憐憫永不

斷絕，每早晨，這都是新的；你的信實極其廣大！我心裡
說：「耶和華是我的福分，因此，我要仰望他。」

耶利米哀歌三22-24

既是這樣，我們對這些事還要怎麼說呢？神若幫助我
們，誰能抵擋我們呢？

羅馬書八31

然而，靠著愛我們的主，在這一切的事上，我們已經
得勝有餘了。因為我深信，無論是死，是活，是天使，是
掌權的，是有權能的，是現在的事，是將來的事，是高處
的，是深處的，是別的受造之物，都不能使我們與神的愛
隔絕，這愛是在我們的主基督耶穌裡的。

羅馬書八37-39

願賜盼望的神，因你們的信把各樣的喜樂、平安充滿
你們的心，使你們藉著聖靈的能力大有盼望！

羅馬書十五13

他對我說：「我的恩典是夠你用的，因為我的能力是
在人的軟弱上顯得完全。」所以，我更喜歡誇耀自己的軟
弱，好使基督的能力覆庇我。

哥林多後書十二9

末了，弟兄們，凡是真實的、凡是可敬的、凡是公義
的、凡是清潔的、凡是可愛的、凡是有美名的，若有什麼
德行，若有什麼稱讚，你們都要留意。

腓立比書四8

神給母親的回應……

如何建立禱告生活

你要向他禱告，他就聽你；你也要還你的願。你定意要做何事，必然為你成就；亮光也必照耀你的路。

約伯記廿二27-28

耶和華啊，早晨你必聽我的聲音；早晨我要向你陳明我的心思，並要警醒。

詩篇五3

至於我，我要求告神，耶和華必拯救我。晚上、早晨、中午我要哀聲悲嘆，他就垂聽我的聲音。

詩篇五五16-17

我們要以感謝來到他面前，用詩歌向他歡呼！

詩篇九五2

你們禱告的時候，不可像那假冒為善的人，愛站在會堂裡和十字路口禱告，故意讓人看見。我實在告訴你們，他們已經得了他們的賞賜。你禱告的時候，要進入內室，關上門，向那在隱祕中的父禱告；你父在隱祕中察看，必將賞賜你。

馬太福音六5-6

　　我實在告訴你們，凡你們在地上所捆綁的，在天上也要捆綁；凡你們在地上所釋放的，在天上也要釋放。我又實在告訴你們，若是你們中間有兩個人在地上同心合意地求什麼事，我在天上的父必為他們成全。

馬太福音十八 18-19

　　同樣，我們的軟弱有聖靈幫助。我們本不知道當怎樣禱告，但是聖靈親自用無可言喻的嘆息替我們祈求。

羅馬書八 26

　　應當一無掛慮，只要凡事藉著禱告、祈求和感謝，將你們所要的告訴神。

腓立比書四 6

　　所以，我們只管坦然無懼地來到施恩的寶座前，為要得憐憫，蒙恩惠，作及時的幫助。

希伯來書四 16

　　沒有信，就不能討神的喜悅，因為到神面前來的人必須信有神，並且信他會賞賜尋求他的人。

希伯來書十一 6

　　我們若照著神的旨意祈求，他就垂聽我們；這就是我們對他所存坦然無懼的心。既然我們知道他聽我們一切所求的，就知道我們所求於他的，無不得著。

約翰一書五 14-15

神給母親的回應……

如何仰望神的看顧

我必平安地躺下睡覺，因爲獨有你－耶和華使我安然居住。

詩篇四8

耶和華是我的亮光，是我的拯救，我還怕誰呢？耶和華是我生命的保障，我還懼誰呢？那作惡的就是我的仇敵，前來吃我肉的時候就絆跌仆倒。雖有軍隊安營攻擊我，我的心也不害怕：雖然興起戰爭攻擊我，我仍舊安穩。有一件事，我曾求耶和華，我仍要尋求，就是一生一世住在耶和華的殿中，瞻仰他的榮美，在他的殿宇裡求問。因爲我遭遇患難，他必將我隱藏在他的帳棚裡，把我藏在他帳幕的隱密處，將我高舉在磐石上。

詩篇廿七1-5

耶和華的使者在敬畏他的人四圍安營，要搭救他們。

詩篇卅四7

他必救你脫離捕鳥者的羅網和毀滅人的瘟疫。他必用自己的翎毛遮蔽你：你要投靠在他翅膀底下，他的信實是大小的盾牌。你必不怕黑夜的驚駭，或是白日飛的箭，也不怕黑夜流行的瘟疫，或是午間滅人的災害。雖有千人仆

倒在你旁邊，萬人仆倒在你右邊，這災卻不得臨近你。

詩篇九一 3-7

　　保護你的是耶和華，耶和華在你右邊蔭庇你。白日，太陽必不傷你；夜間，月亮也不害你。耶和華要保護你，免受一切的災害，他要保護你的性命。你出你入，耶和華要保護你，從今時直到永遠。

詩篇一二一 5-8

　　惟聽從我的，必安然居住，得享寧靜，不怕災禍。

箴言一 33

　　你從水中經過，我必與你同在，你渡過江河，水必不漫過你；你在火中行走，也不被燒傷，火焰必不燒著你身。

以賽亞書四三 2

　　大山可以挪開，小山可以遷移，但我的慈愛必不離開你，我平安的約也不遷移；這是憐憫你的耶和華說的。……你的兒女都要領受耶和華的教導，你的兒女必大享平安。……凡為攻擊你而造的兵器必無效用；在審判時興起用口舌攻擊你的，你必駁倒他。這是耶和華僕人的產業，是他們從我所得的義；這是耶和華說的。

以賽亞書五四 10、13、17

　　在日落之處，人必敬畏耶和華的名；在日出之地，人必敬畏他的榮耀。他必如湍急的河流沖來，耶和華的靈催逼他自己。

以賽亞書五九 19

兩隻麻雀不是賣一銅錢嗎？你們的父若不許，一隻也不會掉在地上。就是你們的頭髮也都數過了。所以，不要懼怕，你們比許多的麻雀還貴重！

馬太福音十29-31

我是好牧人，好牧人爲羊捨命。

約翰福音十11

神給母親的回應⋯⋯

如何面對困苦

　　若是兒女，就是後嗣，是神的後嗣，和基督同作後嗣。如果我們和他一同受苦，是要我們和他一同得榮耀。我認為，現在的苦楚，若比起將來要顯示給我們的榮耀，是不足介意的。

羅馬書八 17-18

　　我們處處受困，卻不被捆住；內心困擾，卻沒有絕望；遭受迫害，卻不被撇棄；擊倒在地，卻不致滅亡。我們身上常帶著耶穌的死，使耶穌的生也在我們身上顯明。

哥林多後書四 8-10

　　我們這短暫而輕微的苦楚要為我們成就極重、無比、永遠的榮耀。因為我們不是顧念看得見的，而是顧念看不見的；原來看得見的是暫時的，看不見的才是永遠的。

哥林多後書四 17-18

　　我知道怎樣處卑賤，也知道怎樣處豐富；或飽足或飢餓，或有餘或缺乏，任何事情，任何景況，我都得了祕訣。我靠著那加給我力量的，凡事都能做

腓立比書四 12-13

你要和我同受苦難，作基督耶穌的精兵。

提摩太後書二3

這話是可信的：我們若與基督同死，也必與他同活；我們若忍耐到底，也必和他一同作王。我們若不認他，他也必不認我們。

提摩太後書二11-12

惟獨見那成為暫時比天使微小的耶穌，因為受了死的痛苦，得了尊貴榮耀為冠冕，好使他因著神的恩，為人人經歷了死亡。原來那為萬物所屬、為萬物所本的，為要領許多兒子進入榮耀，使救他們的元帥因受苦難而得以完全，本是合宜的。

希伯來書二9-10

他雖然為兒子，還是因所受的苦難學了順從。既然他得以完全，就為凡順從他的人成了永遠得救的根源。

希伯來書五8-9

凡管教的事，當時不覺得快樂，反覺得痛苦；後來卻為那經過鍛鍊的人結出平安的果子，就是義的果子。所以，你們要把下垂的手舉起來，發酸的腿挺直；要為自己的腳把道路修直了，使瘸了的腿不再脫臼，反而得到痊癒。

希伯來書十二11-13

你們蒙召就是為此，因為基督也為你們受過苦，給你們留下榜樣，為要使你們跟隨他的腳蹤。

彼得前書二21

既然基督在肉身受苦，你們也該將這樣的心志作為兵器，因為在肉身受過苦的已經與罪斷絕了，使你們從今以後不再隨從人的情慾，只順從神的旨意，在世度餘下的光陰。

彼得前書四1-2

親愛的，有火一般的考驗臨到你們，不要奇怪，似乎是遭遇非常的事；倒要歡喜，因為你們是與基督一同受苦，使你們在他榮耀顯現的時候也可以歡喜快樂。你們若為基督的名受辱罵是有福的，因為榮耀的靈，就是神的靈，在你們身上。你們中間，不可有人因為殺人、偷竊、作惡、好管閒事而受苦。若有人因是基督徒而受苦，不要引以為恥，倒要因這名而歸榮耀給神。因為時候到了，審判要從神的家開始；若是先從我們開始，那麼，不信從神福音的人將有何等的結局呢？

彼得前書四12-17

所以，照神旨意受苦的人要一心為善，將自己的靈魂交給那信實的造物主。

彼得前書四19

那賜一切恩典的神曾在基督裡召了你們，得享他永遠的榮耀，在你們暫受苦難之後，必要親自成全你們，堅固你們，賜力量給你們，建立你們。願權能歸給他，直到永永遠遠。阿們！

彼得前書五10-11

神給母親的回應……

如何得著神的應許

他說：「你若留心聽從耶和華—你神的話，行我眼中看為正的事，側耳聽我的誡令，遵守我一切的律例，我就不將所加於埃及人的疾病加在你身上，因為我是醫治你的耶和華。」

出埃及記十五26

你們若甘心聽從，必吃地上的美物；若不聽從，反倒悖逆，必被刀劍吞滅；這是耶和華親口說的。

以賽亞書一19-20

看哪，耶和華的膀臂並非過短，不能拯救，耳朵並非發沉，不能聽見，但你們的罪孽使你們與神隔絕，你們的罪惡使他轉臉不聽你們。

以賽亞書五九1-2

你們要先求神的國和他的義，這些東西都要加給你們了。

馬太福音六33

我實在告訴你們，無論何人對這座山說：「離開此地，投在海裡！」他心裡若不疑惑，只信所說的必成，就

爲他實現。

馬可福音十一23

　　這樣你們才不會懶惰，卻成爲效法那些藉著信和忍耐承受應許的人。

希伯來書六12

　　我們要堅守所宣認的指望，毫不動搖，因爲應許我們的那位是信實的。

希伯來書十23

　　所以，不可丟棄你們無懼的心，存這樣的心必得大賞賜。你們必須忍耐，使你們行完了神的旨意，可以獲得所應許的。因爲「還有一點點時候，那要來的就來，必不遲延。」

希伯來書十35-37

　　信就是對所盼望之事有把握，對未見之事有確據。……沒有信，就不能討神的喜悅，因爲到神面前來的人必須信有神，並且信他會賞賜尋求他的人。……因著信，撒拉自己已過了生育的年齡還能懷孕，因爲她認爲應許她的那位是可信的。

希伯來書十一1、6、11

　　因此，他已把又寶貴又極大的應許賜給我們，使我們既脫離世上從情慾來的敗壞，就得分享神的本性。正因這緣故，你們要分外地努力。有了信心，又要加上德行；有了德行，又要加上知識；有了知識，又要加上節制；有了

節制，又要加上忍耐；有了忍耐，又要加上虔敬；有了虔
敬，又要加上愛弟兄的心；有了愛弟兄的心，又要加上愛
眾人的心。你們有了這幾樣，再繼續增長，就必使你們在
認識我們的主耶穌基督上，不至於懶散和不結果子了。

彼得後書一4-8

　　我們若照著神的旨意祈求，他就垂聽我們；這就是我
們對他所存坦然無懼的心。既然我們知道他聽我們一切所
求的，就知道我們所求於他的，無不得著。

約翰一書五14-15

God's Promises
for Mothers
神給母親的應許

母親們的默想

- 默想信靠
- 默想平安
- 默想鼓勵
- 默想讚美
- 默想神的權能
- 默想盼望
- 默想信心
- 默想勝利

母親們的默想……

默想信靠

耶和華啊，我的敵人何其增多！許多人起來攻擊我。許多人議論我：「他得不到神的幫助。」但你－耶和華是我四圍的盾牌，是我的榮耀，又是令我抬起頭來的。我用我的聲音求告耶和華，他就從他的聖山上應允我。我躺下，我睡覺，我醒來，耶和華都保佑我。雖有成萬的百姓周圍攻擊我，我也不懼怕。耶和華啊，求你興起！我的神啊，求你救我！因為你打斷我所有仇敵的腮骨，敲碎了惡人的牙齒。救恩屬於耶和華；願你賜福給你的百姓。

詩篇三1-8

我投靠耶和華；你們怎麼對我說：「你當像鳥逃到你們的山去；看哪，惡人彎弓，把箭搭在弦上，要在暗中射那心裡正直的人。根基若毀壞，義人還能做什麼呢？」耶和華在他的聖殿裡，耶和華在天上的寶座上；他的眼睛察看，他的眼目察驗世人。耶和華考驗義人；惟有惡人和喜愛暴力的人，他心裡恨惡。他要向惡人密佈羅網，烈火、硫磺、熱風作他們杯中的份。因為耶和華是公義的，他喜愛義行，正直人必得見他的面。

詩篇十一1-7

你必點亮我的燈；耶和華—我的神必照明我的黑暗。我藉著你衝入敵軍，藉著我的神跳過城牆。至於神，他的道是完全的；耶和華的話是純淨的。凡投靠他的，他就作他們的盾牌。除了耶和華，誰是神呢？除了我們的神，誰是磐石呢？惟有那以力量束我的腰、使我行為完全的，他是神。他使我的腳快如母鹿，使我站穩在高處。他教導我的手能爭戰，我的膀臂能開銅造的弓。你賜救恩給我作盾牌，你的右手扶持我，你的庇護使我為大。

詩篇十八28-35

倚靠耶和華的人好像錫安山，安穩坐鎮，永不動搖。眾山怎樣圍繞耶路撒冷，耶和華也照樣圍繞他的百姓，從今時直到永遠。惡人的杖必不在義人的土地上停留，免得義人伸手作惡。耶和華啊，求你善待行善和心裡正直的人。至於那偏行彎曲道路的人，耶和華必將他們和作惡的人一同驅逐出去。願平安歸於以色列！

詩篇一二五1-5

當耶和華使錫安被擄的人歸回的時候，我們好像做夢的人。那時，我們滿口喜笑、滿舌歡呼；那時，列國中就有人說：「耶和華為他們行了大事！」耶和華果然為我們行了大事，我們就歡喜。耶和華啊，求你使我們這些被擄的人歸回，好像尼革夫的河水復流。流淚撒種的，必歡呼收割！那帶種流淚出去的，必歡呼地帶禾捆回來！

詩篇一二六1-6

心靈貧窮的人有福了！因為天國是他們的。哀慟的人有福了！因為他們必得安慰。謙和的人有福了！因為他們必承受土地。飢渴慕義的人有福了！因為他們必得飽足。憐憫人的人有福了！因為他們必蒙憐憫。清心的人有福了！因為他們必得見神。

馬太福音五3-8

締造和平的人有福了！因為他們必稱為神的兒子。為義受迫害的人有福了！因為天國是他們的。人若因我辱罵你們，迫害你們，捏造各樣壞話毀謗你們，你們就有福了！要歡喜快樂，因為你們在天上的賞賜是很多的。在你們以前的先知，人也是這樣迫害他們。

馬太福音五9-12

母親們的默想……

默想平安

諸天述說神的榮耀，穹蒼傳揚他手的作為。

詩篇十九1

耶和華—我的磐石，我的救贖主啊，願我口中的言語，心裡的意念在你面前蒙悅納。

詩篇十九14

耶和華是我的亮光，是我的拯救，我還怕誰呢？耶和華是我生命的保障，我還懼誰呢？那作惡的就是我的仇敵，前來吃我肉的時候就絆跌仆倒。

詩篇廿七1-2

因為我遭遇患難，他必將我隱藏在他的帳棚裡，把我藏在他帳幕的隱密處，將我高舉在磐石上。

詩篇廿七5

即使我的父母撇棄我，耶和華終必收留我。……我深信在活人之地必得見耶和華的恩惠。要等候耶和華，當壯膽，堅固你的心，要等候耶和華！

詩篇廿七10、13-14

你的兒女都要領受耶和華的教導,你的兒女必大享平安。你必因公義得堅立,必遠離欺壓,毫不懼怕;你必遠離驚嚇,驚嚇必不臨近你。若有人攻擊你,這非出於我;凡攻擊你的,必因你仆倒。看哪,我造了那吹炭火、打造合用兵器的鐵匠;我也造了那殘害人、行毀滅的人。凡為攻擊你而造的兵器必無效用;在審判時興起用口舌攻擊你的,你必駁倒他。這是耶和華僕人的產業,是他們從我所得的義;這是耶和華說的。

以賽亞書五四 13-17

耶和華必時常引導你,在乾旱之地使你心滿意足,又使你骨頭強壯。你必如有水澆灌的園子,又像水流不絕的泉源。

以賽亞書五八 11

主耶和華的靈在我身上,因為耶和華用膏膏我,叫我報好信息給貧窮的人,差遣我醫好傷心的人,報告被擄的得釋放,被捆綁的得自由;宣告耶和華的恩年和我們的神報仇的日子;安慰所有悲哀的人,為錫安悲哀的人,賜華冠代替灰燼,喜樂的油代替悲哀,讚美為衣代替憂傷的靈;稱他們為「公義樹」,是耶和華所栽植的,為要彰顯他的榮耀。他們必修造久已荒涼的廢墟,建立先前淒涼之處,重修歷代荒涼之城。

以賽亞書六一 1-4

母親們的默想……

默想鼓勵

我在急難中求告耶和華，耶和華就應允我，把我安置在寬闊之地。耶和華在我這邊，我必不懼怕，人能把我怎麼樣呢？在那幫助我的人中，有耶和華幫助我，所以我要看見那些恨我的人遭報。投靠耶和華，強似倚賴人；投靠耶和華，強似倚賴權貴。

詩篇一一八5-9

耶和華是我的力量，是我的詩歌，他也成了我的拯救。在義人的帳棚裡，有歡呼拯救的聲音，耶和華的右手施展大能。耶和華的右手高舉，耶和華的右手施展大能。我不至於死，仍要存活，並要傳揚耶和華的作為。

詩篇一一八14-17

我在急難中求告耶和華，他就應允我。耶和華啊，求你救我脫離說謊的嘴唇和詭詐的舌頭！

詩篇一二〇1-2

耶和華啊，我從深處求告你！主啊，求你聽我的聲音！求你側耳聽我懇求的聲音！耶和華啊，你若究察罪孽，主啊，誰能站得住呢？但在你有赦免之恩，要叫人敬畏你。我等候耶和華，我的心等候；我也仰望他的話。我

的心等候主，勝於守夜的等候天亮，勝於守夜的等候天亮。以色列啊，你當仰望耶和華，因耶和華有慈愛，有豐盛的救恩。他必救贖以色列脫離一切的罪孽。

詩篇一三〇 1-8

你們不要追念從前的事，也不要思想古時的事。看哪，我要行一件新事，如今就要顯明，你們豈不知道嗎？我必在曠野開道路，在沙漠開江河。

以賽亞書四三 18-19

母親們的默想……

默想讚美

　　神啊，我心堅定，我心堅定；我要唱詩，我要歌頌！我的靈啊，你當醒起！琴瑟啊，當醒起！我自己要極早醒起！主啊，我要在萬民中稱謝你，在萬族中歌頌你！

詩篇五七 7-9

　　因你的慈愛比生命更好，我的嘴唇要頌讚你。我還活著的時候要這樣稱頌你，我要奉你的名舉手。我在床上記念你，在夜更的時候思念你；我的心像吃飽了骨髓肥油，我也要以歡樂的嘴唇讚美你。因為你曾幫助了我，我要在你翅膀的陰下歡呼。我的心緊緊跟隨你；你的右手扶持了我。

詩篇六三 3-8

　　你們要稱謝耶和華，因他本為善；他的慈愛永遠長存。你們要稱謝萬神之神，因他的慈愛永遠長存。你們要稱謝萬主之主，因他的慈愛永遠長存。稱謝那惟一能行大奇事的，因他的慈愛永遠長存。稱謝那用智慧造天的，因他的慈愛永遠長存。稱謝那鋪地在水以上的，因他的慈愛永遠長存。稱謝那造成大光的，因他的慈愛永遠長存。他造太陽管白晝，因他的慈愛永遠長存。他造月亮星宿管黑

夜，因他的慈愛永遠長存。稱謝那擊殺埃及凡是頭生的，
因他的慈愛永遠長存。

詩篇一三六1-10

他以大能的手和伸出來的膀臂，因他的慈愛永遠長
存。領以色列人從埃及人中出來，因他的慈愛永遠長存。
稱謝那分裂紅海的，因他的慈愛永遠長存。他領以色列從
其中經過，因他的慈愛永遠長存；卻把法老和他的軍隊推
落紅海裡，因他的慈愛永遠長存。稱謝那引導自己子民行
走曠野的，因他的慈愛永遠長存。稱謝那擊殺大君王的，
因他的慈愛永遠長存。他殺戮威武的君王，因他的慈愛永
遠長存；殺戮亞摩利王西宏，因他的慈愛永遠長存；殺戮
巴珊王噩，因他的慈愛永遠長存。

詩篇一三六11-20

他賞賜他們的地為業，因他的慈愛永遠長存；作為
他僕人以色列的產業，因他的慈愛永遠長存。我們身處卑
微，他顧念我們，因他的慈愛永遠長存。他搭救我們脫離
敵人，因他的慈愛永遠長存。凡有血有肉的，他賜糧食，
因他的慈愛永遠長存。你們要稱謝天上的神，因他的慈愛
永遠長存。

詩篇一三六21-26

願聖民因所得的榮耀歡樂！願他們在床上也歡呼！願
他們口中稱頌上帝為至高，手裡有兩刃的劍。

詩篇一四九5-6

　　哈利路亞！你們要在神的聖所讚美他！在他顯能力的穹蒼讚美他！要因他大能的作為讚美他，因他極其偉大讚美他！要用角聲讚美他，鼓瑟彈琴讚美他！擊鼓跳舞讚美他！用絲弦的樂器和簫的聲音讚美他！用大響的鈸讚美他！用高聲的鈸讚美他！凡有生命的都要讚美耶和華！哈利路亞！

詩篇一五〇1-6

　　「我―耶穌差遣我的使者，為了眾教會向你們證明這些事。我是大衛的根，是他的後裔；我是明亮的晨星。」聖靈和新娘都說：「來！」聽見的人也要說：「來！」口渴的人也要來，願意的人都可以白白取生命的水喝。

啟示錄廿二16-17

母親們的默想……

默想神的權能

　　我立大地根基的時候，你在哪裡？你若明白事理，只管說吧！你知道是誰定地的尺度，是誰把準繩拉在其上嗎？地的根基安置在何處？地的角石是誰安放的？那時，晨星一同歌唱；神的眾使者也都歡呼。當海水衝出，如出母胎，誰用門將它關閉呢？是我用雲彩當海的衣服，用幽暗當包裹它的布，為它定界限，又安門和閂，說：「你只可到這裡，不可越過；你狂傲的浪要到此止住。你有生以來，曾命定晨光，曾使黎明知道自己的地位，抓住地的四極，把惡人從其中驅逐出來嗎？」

約伯記卅八4-13

　　地改變如泥上蓋印，萬物出現如衣服一樣。亮光不照惡人，高舉的膀臂也必折斷。

　　你曾進到海之源，或在深淵的隱密處行走嗎？死亡的門曾向你顯露嗎？死蔭的門你曾見過嗎？地的廣大，你能測透嗎？你若全知道，只管說吧！往光明居所的路在哪裡？黑暗的地方在何處？你能將它帶到其領域，能辨明其居所之路嗎？你知道的，因為那時你已出生，你活的日子數目也多。

你曾進入雪之庫，或見過雹的倉嗎？雪雹是我為災難的時候，為打仗和戰爭的日子所預備。

約伯記卅八14-23

光亮從何路分開？東風從何路分散遍地？誰為大雨分道，誰為雷電開路，使雨降在無人之地，在無人居住的曠野，使荒廢淒涼之地得以豐足，青草得以生長？

約伯記卅八24-27

耶和華—我們的主啊，你的名在全地何其美！你將你的榮耀彰顯於天。你因敵人的緣故，從孩童和吃奶的口中建立了能力，使仇敵和報仇的閉口無言。

我觀看你手指所造的天，並你所陳設的月亮星宿。人算什麼，你竟顧念他！世人算什麼，你竟眷顧他！你使他比神微小一點，賜他榮耀尊貴為冠冕。你派他管理你手所造的，使萬物，就是一切的牛羊、田野的牲畜、空中的鳥、海裡的魚，凡游在水裡的，都服在他的腳下。

耶和華—我們的主啊，你的名在全地何其美！

詩篇八1-9

耶和華我的力量啊，我愛你！耶和華是我的巖石、我的山寨、我的救主、我的神、我的磐石、我所投靠的。他是我的盾牌，是拯救我的角，是我的高堡。我要求告當讚美的耶和華，我必從仇敵手中被救出來。死亡的繩索勒住我，毀滅的急流驚嚇我，陰間的繩索纏繞我，死亡的圈套臨到我。

我在急難中求告耶和華，向我的神呼求。他從殿中聽

了我的聲音，我在他面前的呼求必進入他耳中。

那時，因他發怒地就震動戰抖，山的根基也震動挪移。他的鼻孔冒煙上騰，他的口發火焚燒，連煤炭也燒著了。

詩篇十八1-8

他使天垂下，親自降臨，黑雲在他腳下。他乘坐基路伯飛行，藉著風的翅膀快飛，以黑暗爲藏身之處，以水的黑暗、天空的密雲作四圍的行宮。因他發出光輝，冰雹和火炭穿透密雲。耶和華在天上打雷，至高者發出聲音，就有冰雹和火炭。他射出箭來，使仇敵四散；發出連串的閃電，擊潰他們。

耶和華啊，你的斥責一發，你鼻孔的氣一出，海底就顯現，大地的根基也暴露。

詩篇十八9-15

他從高天伸手抓住我，把我從大水中拉上來。他救我脫離強敵和那些恨我的人，因爲他們比我強盛。我遭遇災難的日子，他們來攻擊我；但耶和華是我的倚靠。他領我到寬闊之處，他救拔我，因他喜愛我。

詩篇十八16-19

那時，耶穌說：「父啊，天地的主，我感謝你！因爲你把這些事向聰明智慧的人隱藏起來，而向嬰孩啓示出來。父啊，是的，因爲你的美意本是如此。一切都是我父交給我的；除了父，沒有人知道子，除了子和子所願意啓示的人，沒有人知道父。凡勞苦擔重擔的人都到我這裡

來，我要使你們得安息。我心裡柔和謙卑，你們當負我的
軛，向我學習；這樣，你們的心靈就必得安息。因為我的
軛是容易的，我的擔子是輕省的。」

馬太福音十一25-30

又是永活的。我曾死過，看哪，我是活著的，直到永
永遠遠；並且我拿著死亡和陰間的鑰匙。

啟示錄一18

你們只要持守那已經有的，直到我來。那得勝又遵守
我命令到底的，我要賜給他權柄制伏列國；他必用鐵杖管
轄他們，如同打碎陶器，像我也從我父領受了權柄一樣。
我又要把晨星賜給他。

啟示錄二25-28

得勝的，我要賜他在我寶座上與我同坐，就如我得了
勝，在我父的寶座上與他同坐一般。

啟示錄三21

我又看見一個新天新地，因為先前的天和先前的地已
經過去了，海也不再有了。我又看見聖城，新耶路撒冷由
神那裡，從天而降，預備好了，就如新娘打扮整齊，等候
丈夫。

我聽見有大聲音從寶座出來，說：「看哪，神的帳幕
在人間！他要和他們同住，他們要作他的子民。神要親自
與他們同在。神要擦去他們一切的眼淚；不再有死亡，也
不再有悲哀、哭號、痛苦，因為先前的事都過去了。」

啟示錄廿一1-4

　　那位坐在寶座上的說：「看哪，我把一切都更新了！」他又說：「你要寫下來，因為這些話是可信靠的，是真實的。」他又對我說：「成了！我是阿拉法，我是俄梅戛；我是開始，我是終結。我要把生命的泉水白白賜給那口渴的人喝。得勝的要承受這些為業；我要作他的神，他要作我的兒子。」

啟示錄廿一 5-7

母親們的默想……

默想盼望

　　耶和華是我的牧者，我必不致缺乏。他使我躺臥在青
草地上，領我在可安歇的水邊。他使我的靈魂甦醒，為自
己的名引導我走義路。我雖然行過死蔭的幽谷，也不怕遭
害，因為你與我同在；你的杖、你的竿，都安慰我。在我
敵人面前，你為我擺設筵席；你用油膏了我的頭，使我的
福杯滿溢。我一生一世必有恩惠慈愛隨著我；我且要住在
耶和華的殿中，直到永遠。

詩篇廿三1-6

　　耶和華啊，求你記念你的憐憫和慈愛，因為這是亙古
以來所常有的。

詩篇廿五6

　　我深信在活人之地必得見耶和華的恩惠。要等候耶和
華，當壯膽，堅固你的心，要等候耶和華！

詩篇廿七13-14

　　耶和華啊，求你應允我，憐憫我！耶和華啊，求你幫
助我！你將我的哀哭變為跳舞，脫去我的麻衣，為我披上
喜樂。

詩篇三十10-11

因爲他說有，就有，命立，就立。耶和華使列國的籌算歸於無有，使萬民的計謀全無功效。

詩篇卅三9-10

你當等候耶和華，遵守他的道，他就抬舉你，使你承受土地；你必看到惡人被剪除。我見過惡人大有勢力，高聳如本地青翠的樹木。有人從那裡經過，看哪，他已不存在，我尋找他，卻尋不著了。你要細察那完全人，觀看那正直人，因爲和平的人有好結局。至於罪人，必一同滅絕，惡人的結局必被剪除。義人得救是出於耶和華，在患難時耶和華作他們的避難所。耶和華幫助他們，解救他們；他解救他們脫離惡人，把他們救出來，因爲他們投靠他。

詩篇卅七34-40

耶和華啊，我仰望你！主—我的神啊，你必應允我！我曾說：「恐怕他們向我誇耀，我失腳的時候，他們向我誇口。」

詩篇卅八15-16

你要把你的重擔卸給耶和華，他必扶持你，他永不叫義人動搖。

詩篇五五22

我懼怕的時候要倚靠你。我倚靠神，我要讚美他的話語；我倚靠神，必不懼怕。血肉之軀能把我怎麼樣呢？

詩篇五六3-4

我倚靠神，必不懼怕。人能把我怎麼樣呢？神啊，我
要向你還所許的願，我要以感謝祭回報你。

詩篇五六 11-12

但我要歌頌你的能力，早晨要高唱你的慈愛；因為
你是我的庇護所，在急難的日子作過我的避難所。我的力
量啊，我要歌頌你；因為神是我的庇護所，是賜恩給我的
神。

詩篇五九 16-17

主啊，你本為良善，樂於饒恕人，以豐盛的慈愛對
待凡求告你的人。耶和華啊，求你側耳聽我的禱告，留心
聽我懇求的聲音。我在患難之日要求告你，因為你必應允
我。主啊，諸神之中沒有可與你相比的，你的作為也無以
為比。

詩篇八六 5-8

義人要興旺如棕樹，生長如黎巴嫩的香柏樹。他們栽
於耶和華的殿中，發旺在我們神的院裡。他們髮白的時候
仍結果子，而且鮮美多汁。

詩篇九二 12-14

流淚撒種的，必歡呼收割！那帶種流淚出去的，必歡
呼地帶禾捆回來！

詩篇一二六 5-6

他醫好傷心的人，包紮他們的傷處。他數點星宿的數
目，一一稱它們的名。我們的主本為大，大有能力，他的

智慧無法測度。耶和華扶持謙卑的人，將惡人傾覆於地。你們要以感謝向耶和華歌唱，用琴向我們的神歌頌。他用密雲遮天，為地預備雨水，使草生長在山上。他賜食物給走獸和啼叫的小烏鴉。他不喜悅馬的力大，不喜愛人的腿快。耶和華喜愛敬畏他和盼望他慈愛的人。

詩篇一四七3-11

堅心倚賴你的，你必保守他十分平安，因為他倚靠你。你們當倚靠耶和華，直到永遠，因為耶和華，耶和華是永遠的磐石。他使居住高處的與高處的城市一同降為卑下，將城拆毀，夷為平地，化為塵土，使它被腳踐踏，就是被困苦人和貧寒人的腳踐踏。

義人的道是正直的，正直的主啊，你修平義人的路。耶和華啊，我們在你行審判的路上等候你，我們心裡所渴慕的，就是你的名和你的稱號。夜間，我的心渴想你，我裡面的靈切切尋求你。因為你在地上行審判的時候，世上的居民就學習公義。

以賽亞書廿六3-9

但那等候耶和華的必重新得力。他們必如鷹展翅上騰；他們奔跑卻不困倦，行走卻不疲乏。

以賽亞書四十31

為錫安悲哀的人，賜華冠代替灰燼，喜樂的油代替悲哀，讚美為衣代替憂傷的靈；稱他們為「公義樹」，是耶和華所栽植的，為要彰顯他的榮耀。他們必修造久已荒涼的廢墟，建立先前淒涼之處，重修歷代荒涼之城。

那時，陌生人要伺候、牧放你們的羊群；外邦人必為你們耕種田地，修整你們的葡萄園。但你們要稱為「耶和華的祭司」，稱作「我們神的僕人」。你們必享用列國的財物，必承受他們的財富。

以賽亞書六一3-6

唉！主耶和華，看哪，你曾用大能和伸出來的膀臂創造天和地，在你沒有難成的事。你施慈愛給千萬人，又將祖先的罪孽報應在他後世子孫身上。至大全能的神啊，萬軍之耶和華是你的名，你謀事有大略，行事有大能，注目觀看世人一切的舉動，為要照各人所做的和他做事的結果報應他。

耶利米書卅二17-19

因耶和華的慈愛，我們不致滅絕，因他的憐憫永不斷絕，每早晨，這都是新的；你的信實極其廣大！我心裡說：「耶和華是我的福分，因此，我要仰望他。」凡等候耶和華，心裡尋求他的，耶和華必施恩給他。

耶利米哀歌三22-25

所以，不要為明天憂慮，因為明天自有明天的憂慮；一天的難處一天當就夠了。

馬太福音六34

凡勞苦擔重擔的人都到我這裡來，我要使你們得安息。我心裡柔和謙卑，你們當負我的軛，向我學習；這樣，你們的心靈就必得安息。因為我的軛是容易的，我的擔子是輕省的。

馬太福音十一28-30

既是這樣，我們對這些事還要怎麼說呢？神若幫助我們，誰能抵擋我們呢？

羅馬書八31

誰能使我們與基督的愛隔絕呢？難道是患難嗎？是困苦嗎？是迫害嗎？是飢餓嗎？是赤身露體嗎？是危險嗎？是刀劍嗎？如經上所記：「我們為你的緣故終日被殺；人看我們如將宰的羊。」然而，靠著愛我們的主，在這一切的事上，我們已經得勝有餘了。因為我深信，無論是死，是活，是天使，是掌權的，是有權能的，是現在的事，是將來的事，是高處的，是深處的，是別的受造之物，都不能使我們與神的愛隔絕，這愛是在我們的主基督耶穌裡的。

羅馬書八35-39

我們處處受困，卻不被捆住；內心困擾，卻沒有絕望；遭受迫害，卻不被撇棄；擊倒在地，卻不致滅亡。我們身上常帶著耶穌的死，使耶穌的生也在我們身上顯明。因為我們這活著的人常為耶穌被置於死地，使耶穌的生命在我們這必死的人身上顯明出來。

哥林多後書四8-11

我們這短暫而輕微的苦楚要爲我們成就極重、無比、永遠的榮耀。因爲我們不是顧念看得見的，而是顧念看不見的；原來看得見的是暫時的，看不見的才是永遠的。

哥林多後書四17-18

因爲我們知道，我們這地上的帳篷若拆毀了，我們將有神所造的居所，不是人手所造的，而是在天上永存的。

哥林多後書五1

我們行善不可喪志，因爲若不灰心，到了適當的時候就有收成。所以，一有機會就要向眾人行善，向信徒一家的人更要這樣。

加拉太書六9-10

所以，他凡事應當與他的弟兄相同，爲要在神的事上成爲慈悲忠信的大祭司，爲百姓的罪獻上贖罪祭。既然他自己被試探而受苦，他能幫助被試探的人。

希伯來書二17-18

我們有這指望，如同靈魂的錨，又堅固又牢靠，進入幔子後面的至聖所。

希伯來書六19

你們要追念往日；你們蒙了光照以後，忍受了許多痛苦的掙扎：一面在眾人面前公然被毀謗，遭患難；一面陪伴那些受這樣苦難的人。

希伯來書十32-33

　　所以，不可丟棄你們無懼的心，存這樣的心必得大賞
賜。你們必須忍耐，使你們行完了神的旨意，可以獲得所
應許的。因為「還有一點點時候，那要來的就來，必不遲
延。只是我的義人必因信得生；他若退縮，我心就不喜歡
他。」我們卻不是退縮以致沉淪的那等人，而是有信心以
致得生命的人。

希伯來書十35-39

　　那麼，主知道搭救敬虔的人脫離試煉，把不義的人留
在懲罰之下等候審判的日子。

彼得後書二9

母親們的默想……

默想信心

許多人議論我：「他得不到神的幫助。」但你—耶和華是我四圍的盾牌，是我的榮耀，又是令我抬起頭來的。我用我的聲音求告耶和華，他就從他的聖山上應允我。我躺下，我睡覺，我醒來，耶和華都保佑我。雖有成萬的百姓周圍攻擊我，我也不懼怕。耶和華啊，求你興起！我的神啊，求你救我！因為你打斷我所有仇敵的腮骨，敲碎了惡人的牙齒。救恩屬於耶和華；願你賜福給你的百姓。

詩篇三2-8

你必點亮我的燈；耶和華—我的神必照明我的黑暗。我藉著你衝入敵軍，藉著我的神跳過城牆。至於神，他的道是完全的；耶和華的話是純淨的。凡投靠他的，他就作他們的盾牌。

除了耶和華，誰是神呢？除了我們的神，誰是磐石呢？惟有那以力量束我的腰、使我行為完全的，他是神。他使我的腳快如母鹿，使我站穩在高處。他教導我的手能爭戰，我的膀臂能開銅造的弓。

你賜救恩給我作盾牌，你的右手扶持我，你的庇護使我為大。你使我腳步寬闊，我的腳踝未曾滑跌。我要追趕我的仇敵，且要追上他們；若不將他們滅絕，我總不歸

回。我要打傷他們，使他們站不起來；他們必倒在我的腳下。你曾以力量束我的腰，使我能爭戰；也曾使那起來攻擊我的，都服在我以下。你又使我的仇敵在我面前轉身逃跑，使我剪除那恨我的人。他們呼求，卻無人拯救；就是呼求耶和華，他也不應允。

詩篇十八28-41

神是我們的避難所，是我們的力量，是我們在患難中隨時的幫助。所以，地雖改變，山雖搖動到海心，其中的水雖澎湃翻騰，山雖因海漲而戰抖，我們也不害怕。有一道河，這河的分汊使神的城歡喜，這城就是至高者居住的聖所。

詩篇四六1-4

我懼怕的時候要倚靠你。我倚靠神，我要讚美他的話語；我倚靠神，必不懼怕。血肉之軀能把我怎麼樣呢？

詩篇五六3-4

我幾次流離，你都數算；求你把我的眼淚裝在你的皮袋裡。這一切不都記在你的冊子上嗎？我呼求的日子，仇敵都要轉身撤退。神幫助我，這是我所知道的。我倚靠神，我要讚美他的話語；我倚靠耶和華，我要讚美他的話語。我倚靠神，必不懼怕。人能把我怎麼樣呢？

詩篇五六8-11

我的心哪，你當默默無聲，專等候神，因為我的盼望是從他而來。惟獨他是我的磐石，我的拯救；他是我的庇護所，我必不動搖。我的拯救、我的榮耀都在於神；我

力量的磐石、我的避難所都在於神。百姓啊，要時時倚靠他，在他面前傾心吐意；神是我們的避難所。

詩篇六二5-8

「因為，出於神的話，沒有一句不帶能力的。」馬利亞說：「我是主的使女，願意照你的話實現在我身上。」於是天使離開她去了。在那些日子，馬利亞起身，急忙前往山區，來到猶大的一座城，進了撒迦利亞的家，向伊利莎白問安。伊利莎白一聽到馬利亞問安，所懷的胎就在腹裡跳動。伊利莎白被聖靈充滿。

路加福音一37-41

所以，我們既因信稱義，就藉著我們的主耶穌基督得以與神和好。我們又藉著他，因信得以進入現在所站立的這恩典中，並且歡歡喜喜盼望神的榮耀。不但如此，就是在患難中也是歡歡喜喜的，因為知道患難生忍耐，忍耐生老練，老練生盼望，盼望不至於落空，因為神的愛，已藉著所賜給我們的聖靈，澆灌在我們心裡。

羅馬書五1-5

應當一無掛慮，只要凡事藉著禱告、祈求和感謝，將你們所要的告訴神。神所賜那超越人所能了解的平安，必在基督耶穌裡，保守你們的心懷意念。

腓立比書四6-7

信就是對所盼望之事有把握，對未見之事有確據。古人因著這信獲得了讚許。因著信，我們知道這宇宙是藉神的話造成的。這樣，看得見的是從看不見的造出來的。因

著信，亞伯獻祭給神比該隱所獻的更美，因此獲得了讚許為義人，神親自悅納了他的禮物。他雖然死了，卻因這信仍舊在說話。因著信，以諾被接去，得以不見死，人也找不著他，因為神已經把他接去了；只是他被接去以前，已討得神的喜悅而蒙讚許。

希伯來書十一1-5

沒有信，就不能討神的喜悅，因為到神面前來的人必須信有神，並且信他會賞賜尋求他的人。

因著信，挪亞既蒙神指示他未見的事，動了敬畏的心，造了方舟，使他全家得救。藉此他定了那世代的罪，自己也承受了那從信而來的義。因著信，亞伯拉罕蒙召的時候就遵命出去，往將來要承受為基業的地方去；他出去的時候還不知往哪裡去。因著信，他就在所應許之地作客，好像在異鄉，居住在帳棚裡，與蒙同一個應許的以撒和雅各一樣。因為他等候著那座有根基的城，就是神所設計和建造的。

希伯來書十一6-10

因著信，撒拉自己已過了生育的年齡還能懷孕，因為她認為應許她的那位是可信的；所以，從一個彷彿已死的人竟生出子孫，如同天上的星那樣眾多，海邊的沙那樣無數。這些人都是存著信心死的，並沒有得著所應許的，卻從遠處觀望，且歡喜迎接。他們承認自己在地上是客旅，是寄居的。說這樣話的人是表明自己要尋找一個家鄉。他們若想念所離開的家鄉，還有回去的機會。

希伯來書十一11-15

其實他們所羨慕的是一個更美的，就是在天上的家鄉。所以，神並不因他們稱他為神而覺得羞恥，因為他已經為他們預備了一座城。

因著信，亞伯拉罕被考驗的時候把以撒獻上，這就是那領受了應許的人甘心把自己獨生的兒子獻上。論到這兒子，神曾說：「從以撒生的才要稱為你的後裔。」他認為神甚至能使人從死人中復活，意味著他得回了他的兒子。因著信，以撒指著將來的事給雅各、以掃祝福。因著信，雅各臨死的時候給約瑟的兩個兒子個別祝福，扶著枴杖敬拜神。

希伯來書十一16-21

因著信，約瑟臨終的時候提到以色列人將來要出埃及，並為自己的骸骨留下遺言。因著信，摩西生下來，他的父母見他是個俊美的孩子，把他藏了三個月，並不怕王的命令。因著信，摩西長大了不肯稱為法老女兒之子。他寧可和神的百姓一同受苦，也不願在罪中享受片刻的歡樂。他把為彌賽亞受凌辱看得比埃及的財物更寶貴，因為他想望所要得的賞賜。因著信，他離開埃及，不怕王的憤怒，因為他恆心忍耐，如同看見那不能看見的神。

希伯來書十一22-27

因著信，他設立逾越節，在門上灑血，免得那毀滅者加害以色列人的長子。因著信，他們過紅海如行乾地；埃及人試著要過去就被淹沒了。因著信，以色列人圍繞耶利哥城七日，城牆就倒塌了。因著信，妓女喇合曾友善地接待探子，就沒有跟那些不順從的人一同滅亡。我還要說什

麼呢？若要一一細說基甸、巴拉、參孫、耶弗他、大衛、撒母耳和眾先知的事，時間就不夠了。他們藉著信，制伏了敵國，行了公義，得了應許，堵住了獅子的口。

希伯來書十一28-33

滅了烈火的威力，在鋒利的刀劍下逃生，從軟弱變為剛強，爭戰中顯出勇猛，打退外邦的全軍。有些婦人得回從死人中復活的親人。又有人忍受嚴刑，拒絕被釋放，為要得著更美好的復活。又有人忍受戲弄、鞭打、捆鎖、監禁、各等的磨煉；他們被石頭打死，被鋸鋸死，被刀殺，披著綿羊山羊的皮各處奔跑，受貧窮、患難、虐待。

這世界配不上他們，他們在曠野、山嶺、山洞、地穴，飄流無定。這些人都是因信獲得了讚許，卻仍未得著所應許的，因為神給我們預備了更美好的事，若沒有我們，他們就不能達到完全。

希伯來書十一34-40

所以，既然我們有這許多見證人如同雲彩圍繞著我們，就該卸下各樣重擔和緊緊纏累的罪，以堅忍的心奔那擺在我們前頭的路程，仰望我們信心的創始成終者耶穌，他因那擺在前面的喜樂，輕看羞辱，忍受了十字架的苦難，如今已坐在神寶座的右邊。

你們要仔細想想這位忍受了罪人如此頂撞的耶穌，你們就不致心灰意懶了。你們與罪惡爭鬥，還沒有抵抗到流血的地步。你們又忘了神勸你們如同勸兒女的那些話，說：「我兒啊，不可輕看主的管教，被他責備的時候不可灰心；因為主所愛的，他必管教，又鞭打他所接納的每一

個孩子。」

　　為了受管教，你們要忍受。神待你們如同待兒女。哪有兒女不被父親管教的呢？管教原是眾兒女共同所領受的；你們若不受管教，就是私生子，不是兒女了。

希伯來書十二 1-8

　　親愛的，至於你們，要在至聖的真道上造就自己，藉著聖靈禱告，保守自己常在神的愛中，仰望我們主耶穌基督的憐憫，進入永生。

猶大書一 20-21

母親們的默想……

默想勝利

我豈沒有吩咐你嗎？你當剛強壯膽，不要懼怕，也不要驚惶，因為你無論往哪裡去，耶和華你的神必與你同在。

約書亞記一9

尼希米對他們說：「你們去吃肥美的，喝甘甜的，有不能預備的就分給他，因為今日是我們主的聖日。你們不要憂愁，因靠耶和華而得的喜樂是你們的力量。」

尼希米記八10

他使我躺臥在青草地上，領我在可安歇的水邊。他使我的靈魂甦醒，為自己的名引導我走義路。我雖然行過死蔭的幽谷，也不怕遭害，因為你與我同在；你的杖、你的竿，都安慰我。在我敵人面前，你為我擺設筵席；你用油膏了我的頭，使我的福杯滿溢。我一生一世必有恩惠慈愛隨著我；我且要住在耶和華的殿中，直到永遠。

詩篇廿三2-6

地和其中所充滿的，世界和住在其中的，都屬耶和華。他把地建立在海上，安定在江河之上。誰能登耶和華的山？誰能站在他的聖所？就是手潔心清，意念不向虛

妄，起誓不懷詭詐的人。他必蒙耶和華賜福，又蒙救他的神使他成義。這是尋求耶和華的族類，是尋求你面的雅各。眾城門哪，要抬起頭來！永久的門戶啊，你們要被舉起！榮耀的王將要進來！這榮耀的王是誰呢？就是有力有能的耶和華，在戰場上大有能力的耶和華！眾城門哪，要抬起頭來！永久的門戶啊，你們要高舉！榮耀的王將要進來！這榮耀的王是誰呢？萬軍之耶和華是榮耀的王！

詩篇廿四1-10

耶和華啊，我的心仰望你。我的神啊，我素來倚靠你；求你不要叫我羞愧，不要叫我的仇敵向我誇勝。

詩篇廿五1-2

耶和華是他百姓的力量，又是他受膏者得救的保障。

詩篇廿八8

義人呼求，耶和華聽見了，就拯救他們脫離一切患難。耶和華靠近傷心的人，拯救心靈痛悔的人。義人多有苦難，但耶和華救他脫離這一切。

詩篇卅四17-19

當將你的道路交託耶和華，並倚靠他，他就必成全。他要使你的公義如光發出，使你的公平明如正午。你當安心倚靠耶和華，耐性等候他，不要因那道路通達的和那惡謀成就的心懷不平。當止住怒氣，離棄憤怒；不要心懷不平，以致作惡。因為作惡的必被剪除；惟有等候耶和華的必承受土地。

詩篇卅七5-9

　　我曾耐性等候耶和華，他垂聽我的呼求。他從泥坑裡，從淤泥中，把我拉上來，使我的腳立在磐石上，使我腳步穩健。他使我口唱新歌，就是讚美我們神的話。許多人必看見而懼怕，並要倚靠耶和華。那倚靠耶和華、不理會狂傲和偏向虛假的，這人有福了！耶和華─我的神啊，你所行的奇事和你為我們設想的計劃，多到無法盡述；若要述說陳明，不可勝數。祭物和禮物，你不喜愛，你已經開通我的耳朵；燔祭和贖罪祭非你所要。

詩篇四十 1-6

　　那時我說：「看哪，我來了！我的事在經卷上已經記載了。我的神啊，我樂意照你的旨意行，你的律法在我心裡。」我在大會中傳講公義的佳音，看哪，必不制止我的嘴唇；耶和華啊，這一切你都知道。我未曾把你的公義藏在心裡，我已陳明你的信實和你的救恩；在大會中我未曾隱瞞你的慈愛和信實。耶和華啊，求你不要向我止住你的憐憫！願你的慈愛和信實常常保佑我！

詩篇四十 7-11

　　因有無數的禍患圍困我，我的罪孽追上了我，使我不能看見，這罪孽比我的頭髮還多，我的膽量喪失了。耶和華啊，求你開恩搭救我！耶和華啊，求你速速幫助我！願那些尋找我、要滅我命的，一同抱愧蒙羞！願那些喜悅我遭害的，退後受辱！願那些對我說「啊哈、啊哈」的，因羞愧而敗亡！願一切尋求你的，因你歡喜快樂！願那些喜愛你救恩的，常說：「當尊耶和華為大！」我本是困苦貧窮的，主卻顧念我。你是幫助我的，搭救我的；我的神

啊，求你不要躭延！

詩篇四十 12-17

眷顧貧寒人的有福了！在患難的日子，耶和華必搭救他。耶和華必保全他，使他存活，他要在地上享福。求你不要把他交給仇敵，遂其所願。他病重在榻，耶和華必扶持他；他在病中，你必使他離開病床。

詩篇四一 1-3

萬民哪，你們都要鼓掌！用歡呼的聲音向神呼喊！因為耶和華至高者是可畏的，他是治理全地的大君王。他使萬民服在我們以下，又使萬族服在我們腳下。他為我們選擇產業，就是他所愛之雅各的榮耀。神上升，有喊聲相送；耶和華上升，有角聲相送。你們要向神歌頌，歌頌！向我們的王歌頌，歌頌！因為神是全地的王，你們要用聖詩歌頌！神作王治理列國，神坐在他的聖寶座上。萬民的君王聚集，要作亞伯拉罕的神的子民，因為地上的盾牌是屬神的，他為至高！

詩篇四七 1-9

耶和華本為大！在我們神的城中，在他的聖山上，當受大讚美。

詩篇四八 1

求你幫助我們攻擊敵人，因為人的幫助是枉然的。我們倚靠神才得施展大能，因為踐踏我們敵人的就是他。

詩篇六十 11-12

這是耶和華所定的日子，我們在其中要高興歡喜！耶和華啊，求你拯救！耶和華啊，求你使我們順利！

詩篇一一八 24-25

保護你的是耶和華，耶和華在你右邊蔭庇你。白日，太陽必不傷你；夜間，月亮也不害你。耶和華要保護你，免受一切的災害，他要保護你的性命。你出你入，耶和華要保護你，從今時直到永遠。

詩篇一二一 5-8

我喜樂，因人對我說：「我們到耶和華的殿去。」

詩篇一二二 1

要用詩篇、讚美詩、靈歌彼此對說，口唱心和地讚美主。凡事要奉我們主耶穌基督的名常常感謝父神。

以弗所書五 19-20

我知道怎樣處卑賤，也知道怎樣處豐富；或飽足或飢餓，或有餘或缺乏，任何事情，任何景況，我都得了祕訣。我靠著那加給我力量的，凡事都能做。然而，你們能和我分擔憂患是一件好事。

腓立比書四 12-14

使你們的信心既被考驗，就比那被火試煉仍然能壞的金子更顯寶貴，可以在耶穌基督顯現的時候得著稱讚、榮耀尊貴。雖然你們沒有見過他，卻是愛他；如今雖看不見，你們卻因信他有說不出來、滿有榮光的喜樂，因為你們得到信心的效果，就是靈魂的得救。

彼得前書一 7-9

危機時對母親們的指引

- 沉溺
- 老化
- 生氣
- 焦慮
- 墮落
- 喪親
- 苦毒
- 私慾
- 定罪
- 混亂
- 死亡
- 沮喪
- 不滿
- 懷疑
- 失敗
- 懼怕
- 財務

- 患病
- 危險
- 審判
- 孤獨
- 貪求
- 婚姻
- 驕傲
- 魔鬼
- 苦難
- 試探
- 考驗
- 軟弱
- 物慾

危機時對母親們的指引……

沉溺

酒能使人傲慢，烈酒使人喧嚷，凡沉溺其中的，都無智慧。

箴言二十1

你們將認識真理，真理會使你們自由。

約翰福音八32

基督釋放了我們，為使我們得自由。所以要站穩了，不要再被奴隸的軛挾制。

加拉太書五1

危機時對母親們的指引……

老化

藉著我，你的日子必增多，你生命的年數也必加添。

箴言九11

敬畏耶和華使人長壽；惡人的年歲必減少。

箴言十27

所以，當從心中除掉愁煩，從肉體除去痛苦；因為年少和年輕之時，全是虛空。

傳道書十一10

危機時對母親們的指引……

生氣

即使生氣也不要犯罪;不可含怒到日落,不可給魔鬼留地步。

以弗所書四26-27

因為神不是預定我們受懲罰,而是預定我們藉著我們的主耶穌基督得救。

帖撒羅尼迦前書五9

他被辱罵不還口,受害也不說威嚇的話,只將自己交託給公義的審判者。

彼得前書二23

危機時對母親們的指引……

焦慮

神是我們的避難所，是我們的力量，是我們在患難中隨時的幫助。所以，地雖改變，山雖搖動到海心，其中的水雖澎湃翻騰，山雖因海漲而戰抖，我們也不害怕。

詩篇四六 1-3

我留下平安給你們，我把我的平安賜給你們。我所賜給你們的，不像世人所賜的。你們心裡不要憂愁，也不要膽怯。

約翰福音十四 27

要讓眾人知道你們謙讓的心。主已經近了。應當一無掛慮，只要凡事藉著禱告、祈求和感謝，將你們所要的告訴神。神所賜那超越人所能了解的平安，必在基督耶穌裡，保守你們的心懷意念。末了，弟兄們，凡是真實的、凡是可敬的、凡是公義的、凡是清潔的、凡是可愛的、凡是有美名的，若有什麼德行，若有什麼稱讚，你們都要留意。

腓立比書四 5-8

危機時對母親們的指引……

墮落

神啊，求你為我造清潔的心，使我裡面重新有正直的靈。不要丟棄我，使我離開你的面；不要從我收回你的聖靈。求你使我重得救恩之樂，以樂意的靈來扶持我。

詩篇五一 10-12

遮掩自己過犯的，必不順利；承認且離棄過犯的，必蒙憐憫。

箴言廿八 13

凡父所賜給我的人，必到我這裡來；到我這裡來的，我總不丟棄他。

約翰福音六 37

危機時對母親們的指引……

喪親

他已吞滅死亡直到永遠。主耶和華必擦乾各人臉上的眼淚，在全地除去他百姓的羞辱；這是耶和華說的。

以賽亞書廿五8

當這會朽壞的變成不朽壞的，這會死的變成不會死的，那時經上所記「死亡已被勝利吞滅了」的話就應驗了。「死亡啊！你得勝的權勢在哪裡？死亡啊！你的毒刺在哪裡？」死亡的毒刺就是罪，罪的權勢就是律法。感謝神，他使我們藉著我們的主耶穌基督得勝。

哥林多前書十五54-57

弟兄們，至於已睡了的人，我們不願意你們不知道，恐怕你們憂傷，像那些沒有指望的人一樣。既然我們信耶穌死了，復活了，那些已經在耶穌裡睡了的人，神也必將他們與耶穌一同帶來。

帖撒羅尼迦前書四13-14

危機時對母親們的指引……

苦毒

一切苦毒、憤怒、惱恨、嚷鬧、毀謗，和一切的惡毒都要從你們中間除掉。

以弗所書四31

要謹慎，免得有人失去了神的恩典；免得有毒根生出來擾亂你們，因而使許多人沾染污穢。

希伯來書十二15

你們心裡若懷著惡毒的嫉妒和自私，就不可自誇，不可說謊話抵擋真理。這樣的智慧不是從上頭下來的，而是屬地上的，屬情慾的，屬鬼魔的。

雅各書三14-15

危機時對母親們的指引……

私慾

我們知道，我們的舊人和他同釘十字架，使罪身滅絕，叫我們不再作罪的奴隸，因為已死的人是脫離了罪。我們若與基督同死，我們信也必與他同活，因為知道基督既從死人中復活，就不再死，死也不再作他的主了。

羅馬書六6-9

你們要脫去從前的行為，脫去舊我；這舊我是因私慾的迷惑而漸漸敗壞的。你們要把自己的心志更新，並且穿上新我；這新我是照著神的形像造的，有從真理來的公義和聖潔。

以弗所書四22-24

在何處有嫉妒、自私，在何處就有動亂和各樣的壞事。

雅各書三16

危機時對母親們的指引……

定罪

　　我們都如不潔淨的人，所行的義都像污穢的衣服。我們如葉子漸漸枯乾，罪孽像風把我們吹走。無人求告你的名，無人奮力抓住你。你轉臉不顧我們，你使我們因罪孽而融化。但耶和華啊，現在你仍是我們的父！我們是泥，你是陶匠；我們都是你親手所造的。

以賽亞書六四6-8

　　沒有明白的，沒有尋求神的。人人偏離正路，一同走向敗壞。沒有行善的，連一個也沒有。

羅馬書三11-12

　　如今，那些在基督耶穌裡的人就不被定罪了。

羅馬書八1

危機時對母親們的指引……

混亂

堅心倚賴你的，你必保守他十分平安，因為他倚靠你。

以賽亞書廿六3

我的意念非同你們的意念，我的道路非同你們的道路。這是耶和華說的。天怎樣高過地，照樣，我的道路高過你們的道路，我的意念高過你們的意念。

以賽亞書五五8-9

因為神不是叫人混亂，而是叫人和諧的神。

哥林多前書十四33a

危機時對母親們的指引……

死亡

我知道我的救贖主活著,末後他必站在塵土上。我這皮肉滅絕之後,我必在肉體之外得見神。我自己要見他,親眼要看他,並不像陌生人。我的心腸在我裡面耗盡了!

約伯記十九25-27

他已吞滅死亡直到永遠。主耶和華必擦乾各人臉上的眼淚,在全地除去他百姓的羞辱;這是耶和華說的。

以賽亞書廿五8

我們沒有一個人為自己而活,也沒有一個人為自己而死。我們若活,是為主而活;我們若死,是為主而死。所以,我們或死或活總是主的人。

羅馬書十四7-8

危機時對母親們的指引……

沮喪

尼希米對他們說：「你們去吃肥美的，喝甘甜的，有不能預備的就分給他，因爲今日是我們主的聖日。你們不要憂愁，因靠耶和華而得的喜樂是你們的力量。」

尼希米記八10

我們知道，萬事都互相效力，叫愛神的人得益處，就是按他旨意被召的人。

羅馬書八28

末了，弟兄們，凡是真實的、凡是可敬的、凡是公義的、凡是清潔的、凡是可愛的、凡是有美名的，若有什麼德行，若有什麼稱讚，你們都要留意。

腓立比書四8

危機時對母親們的指引⋯⋯

不滿

陰間和冥府永不滿足，人的眼目也是如此。

箴言廿七20

其實，敬虔加上知足就是大利。因為我們沒有帶什麼到世上來，也不能帶什麼去；只要有衣有食，我們就該知足。

提摩太前書六6-8

不可貪愛錢財，要以自己所有的為滿足，因為神曾說：「我絕不撇下你，也絕不丟棄你。」所以，我們可以勇敢地說：「主是我的幫助，我必不懼怕。人能把我怎麼樣呢？」

希伯來書十三5-6

危機時對母親們的指引……

懷疑

可見，信道是從聽道來的，聽道是從基督的話來的。

羅馬書十17

你們要追念往日；你們蒙了光照以後，忍受了許多痛苦的掙扎：……所以，不可丟棄你們無懼的心，存這樣的心必得大賞賜。你們必須忍耐，使你們行完了神的旨意，可以獲得所應許的。因為「還有一點點時候，那要來的就來，必不遲延。只是我的義人必因信得生；他若退縮，我心就不喜歡他。」我們卻不是退縮以致沉淪的那等人，而是有信心以致得生命的人。

希伯來書十32、35-39

要親近神，神就必親近你們。有罪的人哪，要潔淨你們的手！心懷二意的人哪，要清潔你們的心！

雅各書四8

神給母親的應許

危機時對母親們的指引……

失敗

耶和華扶起所有跌倒的,扶起所有被壓下的。萬有的眼目都仰望你,你按時給他們食物。你張手,使一切有生命的都隨願飽足。

詩篇一四五 14-16

因為義人雖七次跌倒,仍必興起;惡人卻被禍患傾倒。你的仇敵跌倒,你不要歡喜,他傾倒,你的心不要快樂;恐怕耶和華看見就不喜悅,將怒氣從仇敵身上轉過來。

箴言廿四 16-18

並不是我們憑自己配做什麼事,我們之所以配做是出於神。

哥林多後書三 5

危機時對母親們的指引……

懼怕

我靠著那加給我力量的，凡事都能做。

腓立比書四13

因為神賜給我們的不是膽怯的心，而是剛強、仁愛、自制的心。

提摩太後書一7

我看見了他，就仆倒在他腳前，像死人一樣。他用右手按著我說：「不要怕。我是首先的，是末後的，又是永活的。我曾死過，看哪，我是活著的，直到永永遠遠；並且我拿著死亡和陰間的鑰匙。」

啟示錄一17-18

是我，不要怕！

有個孩子心中充滿悲傷，他飛奔到母親懷裡去尋求安慰。原想一五一十地把整個故事告訴媽媽，但是當母親把他抱在懷裡、流露她的愛時，這孩子立刻沉浸在母親甜美溫暖的愛中，而忘了訴說他的故事，且竟然在瞬間把憂傷完全拋在腦後。母親的愛使痛苦消失了，愛充滿了孩子的心。

神也以同樣的方式來安慰我們，祂用能讓我們安心的話語說：「是我，不要怕！」今天的情況依舊，主耶穌非但親自到我們當中來，並且滿足我們一切的需要。當主成為我們的至寶時，我們也會在祂寶貴的同在中忘卻所有的煩惱。

——宣道會創立者宣信（Albert Benjamin Simpson）

危機時對母親們的指引……

財務

我從前年幼，現在年老，卻未見過義人被棄，未見過他的後裔求乞。他常常恩待人，借貸給人，他的後裔也必蒙福。

詩篇卅七 25-26

所以，不要憂慮，說：「我們吃什麼？喝什麼？穿什麼？」這都是外邦人所求的。你們需要這一切東西，你們的天父都知道。你們要先求神的國和他的義，這些東西都要加給你們了。所以，不要為明天憂慮，因為明天自有明天的憂慮；一天的難處一天當就夠了。

馬太福音六 31-34

我的神必照他榮耀的豐富，在基督耶穌裡，使你們一切所需用的都充足。

腓立比書四 19

危機時對母親們的指引······

患病

　　他使我躺臥在青草地上，領我在可安歇的水邊。他使我的靈魂甦醒，為自己的名引導我走義路。我雖然行過死陰的幽谷，也不怕遭害，因為你與我同在；你的杖、你的竿，都安慰我。

詩篇廿三 2-4

　　我的心哪，你為何憂悶？為何在我裡面煩躁？應當仰望神，我還要稱謝他，我當面的拯救，我的神。

詩篇四三 5

　　你們中間若有人病了，他該請教會的長老們來為他禱告，奉主的名為他抹油。

雅各書五 14

危機時對母親們的指引……

危險

　　他必救你脫離捕鳥者的羅網和毀滅人的瘟疫。他必用自己的翎毛遮蔽你；你要投靠在他翅膀底下，他的信實是大小的盾牌。你必不怕黑夜的驚駭，或是白日飛的箭，也不怕黑夜流行的瘟疫，或是午間滅人的災害。雖有千人仆倒在你旁邊，萬人仆倒在你右邊，這災卻不得臨近你。

詩篇九一3-7

　　我們藉著基督才對神有這樣的信心。並不是我們憑自己配做什麼事，我們之所以配做是出於神。

哥林多後書三4-5

　　但主是信實的，他要堅固你們，保護你們脫離那邪惡者。

帖撒羅尼迦後書三3

危機時對母親們的指引……

審判

爲什麼看見你弟兄眼中有刺，卻不想自己眼中有梁木呢？……你這假冒爲善的人！先去掉自己眼中的梁木，然後才能看得清楚，好去掉你弟兄眼中的刺。

馬太福音七3、5

父不審判任何人，而是把審判的事全交給子。

約翰福音五22

所以，時候未到，在主來以前什麼都不要評斷，他要照出暗中的隱情，揭發人的動機。那時，各人要從神那裡得著稱讚。

哥林多前書四5

危機時對母親們的指引……

孤獨

即使我的父母撇棄我，耶和華終必收留我。

詩篇廿七10

他醫好傷心的人，包紮他們的傷處。

詩篇一四七3

我不會撇下你們為孤兒，我必到你們這裡來。

約翰福音十四18

危機時對母親們的指引……

貪 求

　　你不要因她的美色而動心，也不要被她的眼皮勾引。因為連最後一塊餅都會被妓女拿走；有夫之婦會獵取寶貴的生命。

箴言六25-26

　　如果你一隻手或是一隻腳使你跌倒，就把它砍下來扔掉。你缺一隻手或是一隻腳進入永生，比有兩手兩腳被扔進永火裡還好。如果你一隻眼使你跌倒，就把它挖出來扔掉。你只有一隻眼進入永生，比有兩隻眼被扔進地獄的火裡還好。

馬太福音十八8-9

　　那麼，主知道搭救敬虔的人脫離試煉，把不義的人留在懲罰之下等候審判的日子。

彼得後書二9

危機時對母親們的指引……

婚姻

至於那已經嫁娶的，我吩咐他們─其實不是我，而是
主吩咐的：妻子不可離開丈夫，若是離開了，不可再嫁，
不然要跟丈夫復和；丈夫也不可離棄妻子。我對其餘的人
說─是我，不是主說─倘若某弟兄有不信的妻子，妻子也
情願和他一起生活，他就不可離棄妻子。妻子有不信的丈
夫，丈夫也情願和她一起生活，她就不可離棄丈夫。

哥林多前書七10-13

因為不信的丈夫會因著妻子成了聖潔；不信的妻子
也會因著丈夫成了聖潔。不然，你們的兒女就不潔淨了，
但現在他們是聖潔的。倘若那不信的人要離開，就由他離
開吧！無論是弟兄是姊妹，遇著這樣的事都不必拘束。神
召你們原是要你們和睦。妳這作妻子的怎麼知道不能救妳
的丈夫呢？你這作丈夫的怎麼知道不能救你的妻子呢？無
論如何，要照主所分給各人的恩賜和神所召各人的情況生
活。我在各教會裡都是這樣規定的。

哥林多前書七14-17

你們不要和不信的人同負一軛。義和不義有什麼相
關？光明和黑暗有什麼相連？基督和彼列有什麼相和？信

主的和不信主的有什麼相干？神的殿和偶像有什麼相同？
因為我們是永生神的殿，就如神曾說：「我要在他們中間
居住來往；我要作他們的神，他們要作我的子民。」所以
主說：「你們務要從他們中間出來，跟他們分別；不要沾
不潔淨的東西，我就收納你們。」

哥林多後書六 14-17

婚姻，人人都當尊重，共眠的床也不可污穢，因為淫
亂和通姦的人，神必審判。

希伯來書十三 4

危機時對母親們的指引……

驕傲

　　不要為明天自誇，因為你不知道每天會發生何事。要讓陌生人誇獎你，不可用口自誇；讓外邦人稱讚你，不可用嘴唇稱讚自己。

箴言廿七 1-2

　　耶穌叫一個小孩子來，讓他站在他們當中，說：「我實在告訴你們，你們若不回轉，變成像小孩子一樣，絕不能進天國。所以，凡自己謙卑像這小孩子的，他在天國裡就是最大的。」

馬太福音十八 2-4

　　法利賽人獨自站著，自言自語地禱告說：「神啊，我感謝你，我不像別人勒索、不義、姦淫，也不像這個稅吏。我每週禁食兩次，凡我所得的都獻上十分之一。」那稅吏遠遠地站著，連舉目望天也不敢，只捶著胸，說：「神啊，開恩可憐我這個罪人！」我告訴你們，這人回家去比那人倒算為義了。因為凡自高的，必降為卑；自甘卑微的，必升為高。

路加福音十八 11-14

危機時對母親們的指引……

魔鬼

　　耶穌對他們説：「我看見撒但從天上墜落，像閃電一樣。我已經給你們權柄可以踐踏蛇和蠍子，又勝過仇敵一切的能力，絕沒有什麼能害你們。」

　　　　　　　　　　　　　　　　　　路加福音十 18-19

　　最後，你們要靠著主，依賴他的大能大力作剛強的人。要穿戴神所賜的全副軍裝，好抵擋魔鬼的詭計。因為我們的爭戰並不是對抗有血有肉的人，而是對抗那些執政的、掌權的、管轄這幽暗世界的，以及天空靈界的惡魔。所以，要拿起神所賜的全副軍裝，好在邪惡的日子能抵擋仇敵，並且完成了一切後還能站立得住。

　　　　　　　　　　　　　　　　　　以弗所書六 10-13

　　所以，要站穩了，用真理當作帶子束腰，用公義當作護心鏡遮胸，又用和平的福音當作預備走路的鞋穿在腳上。此外，要拿信德當作盾牌，用來撲滅那惡者一切燒著的箭。要戴上救恩的頭盔，拿著聖靈的寶劍─就是神的道。

　　　　　　　　　　　　　　　　　　以弗所書六 14-17

　　親愛的，一切的靈不可都信，總要察驗那些靈是否出於神，因為有許多假先知已經來到世上。凡宣認耶穌基督是成了肉身而來的靈就是出於神的，由此你們可以認出神的靈來；凡不宣認耶穌的靈，不是出於神。這是那敵基督者的靈；你們從前聽見他要來，現在他已經在世上了。

約翰一書四1-3

危機時對母親們的指引……

苦難

我們處處受困，卻不被捆住；內心困擾，卻沒有絕望；遭受迫害，卻不被撇棄；擊倒在地，卻不致滅亡。我們身上常帶著耶穌的死，使耶穌的生也在我們身上顯明。

哥林多後書四 8-10

他雖然為兒子，還是因所受的苦難學了順從。既然他得以完全，就為凡順從他的人成了永遠得救的根源。

希伯來書五 8-9

所以，照神旨意受苦的人要一心為善，將自己的靈魂交給那信實的造物主。

彼得前書四 19

危機時對母親們的指引……

試探

我的弟兄們，你們遭受各種試煉時，都要認爲是大喜樂，因爲知道你們的信心經過考驗，就生忍耐。但要讓忍耐發揮完全的功用，使你們能又完全又完整，一無所缺。

雅各書一2-4

忍受試煉的人有福了，因爲他經過考驗以後必得生命的冠冕，這是主應許給愛他之人的。

雅各書一12

那麼，主知道搭救敬虔的人脫離試煉，把不義的人留在懲罰之下等候審判的日子。

彼得後書二9

危機時對母親們的指引……

考驗

　　義人呼求，耶和華聽見了，就拯救他們脫離一切患難。

詩篇卅四17

　　你要和我同受苦難，作基督耶穌的精兵。

提摩太後書二3

　　親愛的，有火一般的考驗臨到你們，不要奇怪，似乎是遭遇非常的事；倒要歡喜，因為你們是與基督一同受苦，使你們在他榮耀顯現的時候也可以歡喜快樂。

彼得前書四12-13

危機時對母親們的指引……

軟弱

我的幫助從造天地的耶和華而來。他不叫你的腳搖動，保護你的必不打盹！

詩篇一二一2-3

凡勞苦擔重擔的人都到我這裡來，我要使你們得安息。我心裡柔和謙卑，你們當負我的軛，向我學習；這樣，你們的心靈就必得安息。因為我的軛是容易的，我的擔子是輕省的。

馬太福音十一28-30

他對我說：「我的恩典是夠你用的，因為我的能力是在人的軟弱上顯得完全。」所以，我更喜歡誇耀自己的軟弱，好使基督的能力覆庇我。

哥林多後書十二9

危機時對母親們的指引……

物慾

還有那撒在荊棘裡的，就是人聽了道，後來有世上的憂慮、錢財的迷惑，和別樣的私慾進來，把道擠住了，結不出果實。那撒在好土裡的，就是人聽了道，領受了，並且結了果實，有三十倍的，有六十倍的，有一百倍的。

馬可福音四18-20

不要愛世界和世界上的東西，若有人愛世界，愛父的心就不在他裡面了。因為凡世界上的東西，好比肉體的情慾、眼目的情慾和今生的驕傲，都不是從父來的，而是從世界來的。這世界和世上的情慾都要消逝，惟獨那遵行神旨意的人永遠常存。

約翰一書二15-17

勝過世界的是誰呢？不就是那信耶穌是神兒子的嗎？

約翰一書五5

歇後語

「信就是對所盼望之事有把握，對未見之事有確據。」（希伯來書十一章1節）

回顧本書所提過寶貴的、愛神、與神同行的母親——這些戴著神榮耀信心和恩典冠冕的母親們，再讓我們回顧記錄在聖經裡，她們與神同行的故事。

夏娃落入罪裡，但是繼續與神同行。

撒拉跟從她丈夫到神帶領他去的任何地方。

利百加向神求一個孩子。

約基別反抗法老王，而保住摩西。

米利暗是一個忠心的姊姊和帶領神子民的領袖。

底波拉是以色列之母。

哈拿向神呼求，神便應允了她的禱告。

伊利莎白是義人，即便在諸般的試驗中亦是如此。

馬利亞在婦人中蒙大恩，是彌賽亞的母親……。

我們會看到神賜福於這些母親們，並使她們在祂眼中都是美麗的、特別的。她們皆忍受了困難、逆境、損失、恥辱和失敗的時刻，也被迫要求作出選

擇；然而，這些困難的選擇、難以承受的選擇，卻也使她們因而顯出了無比的信心。她們沒有頻頻回顧她們失敗或落難的日子，反而選擇用新希望來迎接每一天。因她們每天、每分、每個試驗都戴著祂恩典的冠冕，她們都堅忍地從神那裡支取力量，並向著目標前進。

妳是否也與這些母親們一樣，積極地仰望神，尋求祂的幫助、祂的智慧、祂的能力和祂的恩典？正如雷蒙‧艾德曼（V. Raymond Edman）所說的：「我們的責任乃是全然地信靠祂，絕對地順服祂，並忠心地聽從祂的指示。」

我親愛的母親們，當我們全心仰望神時，便能活出全備的信心和恩典至高之美的屬神生命！

Notes

NOTES

NOTES

Notes

聖經與人生系列 11

神給母親的應許

著 作 者：傑克・康特曼（Jack Countryman）
翻 譯 者：沈紡緞、劉睦雄
總 編 輯：金玉梅
責任編輯：彭佳琳
出 版 者：聖經資源中心　　　　　網址：http://blog.yam.com/cclmolive
　　　　　電話：(02)3234-1063　　傳真：(02)3234-1949
- -
發 行 人：李正一
發　　行：華宣出版有限公司 CCLM Publishing Group Ltd.
　　　　　新北市中和區連城路236號3樓
　　　　　電話：(02)8228-1318　　傳真：(02)2221-9445
　　　　　郵政劃撥：19907176號　網址：www.cclm.org.tw
香港地區：橄欖出版（香港）有限公司
總 代 理：Olive Publishing (HK) Ltd.
　　　　　中國香港荃灣橫窩仔街2-8號永桂第三工業大廈5樓B座
　　　　　Tel: (852) 2394-2261　　　Fax: (852) 2394-2088
　　　　　網址：www.ccbdhk.com
新加坡區：益人書樓 Eden Resources Pte Ltd
經 銷 商：29 Playfair Road #02-00 Lin Ho Building, Singapore 367992
　　　　　Tel: 6343-0151　　　　　Fax: 6343-0137
　　　　　E-mail: eden@eden-resources.com
　　　　　Website: www.edenresource.com.sg
北美地區：北美基督教圖書批發中心 Chinese Christian Books Wholesale
經 銷 商：603 N. New Ave ＃A Monterey Park, CA 91755 USA
　　　　　Tel: (626)571-6769　　　Fax：(626)571-1362
　　　　　www.ccbookstore.com
加拿大區：神的郵差國際文宣批發協會
經 銷 商：Deliverer Is Coming International Publishing
　　　　　B109-15310 103A Ave. Surrey BC Canada V3R 7A2
　　　　　Tel: (604)588-0306　　　Fax: (604)588-0307
澳洲地區：佳音書樓 Good News Book House
經 銷 商：1027, Whitehorse Road, Box Hill, VIC3128, Australia
　　　　　Tel: (613)9899-3207　　　Fax: (613)9898-8749
　　　　　E-mail：goodnewsbooks@gmail.com
- -
美術設計：郭秀佩
承 印 者：橄欖印務部
行政院新聞局登記證局版台業字第2600號
出版時間：2014年3月初版一刷
年　　份：18 17 16 15 14
經 銷 商：05 04 03 02 01　　　　　　　　　　　著作權所有，翻印必究

God's Promises for Mothers

國家圖書館預行編目資料

神給母親的應許／傑克.康特曼(Jack Countryman)著；
沈紡緞, 劉睦雄翻譯. -- 初版. -- 新北市：聖經資源中
心出版：華宣發行, 2014.03
　　面；　公分（聖經與人生系列；11）
譯自：God's promises for mothers
ISBN 978-986-5801-12-0（平裝）

1. 基督徒　2. 生活指導

244.98　　　　　　　　　　　　　　　103001225